HISTOIRE
DE MADAME
HENRIETTE
D'ANGLETERRE
Premiére Femme de
PHILIPPE DE FRANCE
DUC D'ORLEANS.
Par DAME
MARIE DE LA VERGNE
COMTESSE DE LA FAYETTE.

A AMSTERDAM,
Chez MICHEL CHARLES LE CENE.
M. D. CC XX.

PREFACE.

HENRIETTE de France, Veuve de Charles I. Roi d'Angleterre avoit été obligée par ses malheurs de se retirer en France, & avoit choisi pour sa retraite ordinaire le Couvent de Ste. Marie de Chaillot: Elle y étoit attirée par la beauté du lieu, & plus encore par l'amitié qu'elle avoit pour la Mere Angelique * Superieure de cette maison. Cette personne étoit venue fort jeune à la Cour, fille d'honneur d'Anne d'Autriche femme de Louis XIII.

Ce Prince, dont les passions étoient pleines d'innocence, en étoit devenu amoureux, & elle avoit répondu à sa passion par une amitié fort tendre, & par une si grande fidélité pour la confiance dont il l'honoroit, qu'elle avoit été à l'épreuve

* 2 de

---

* Mlle. de la Faiette, fille d'honneur d'Anne d'Autriche Reine de France.

PREFACE.

de tous les avantages que le Cardinal de Richelieu lui avoit fait envisager.

Comme ce Ministre vit qu'il ne la pouvoit gagner, il crut avec quelque apparence qu'elle étoit gouvernée par l'Evêque de Limoges son Oncle, attaché à la Reine par Mad. de Senecay *. Dans cette vuë il résolut de la perdre, & de l'obliger à se retirer de la Cour; il gagna le premier Valet de Chambre du Roi, qui avoit leur confiance entiére, & l'obligea à rapporter de part & d'autre des choses entiérement opposées à la vérité. Elle étoit jeune & sans experience & crut ce qu'on lui dît; Elle s'imagina qu'on l'alloit abandonner, & se jetta dans les filles de Ste. Marie. Le Roi fit tous ses efforts pour l'en tirer; il lui montra clairement son erreur, & la fausseté de ce qu'elle avoit cru; mais elle resista à tout, & se fit Religieuse quand le tems le lui put permettre.

Le

* *Dame d'honneur d'Anne d'Autriche.*

PRÉFACE.

Le Roi conserva pour elle beaucoup d'amitié, & lui donna sa confiance : ainsi, quoique Religieuse, elle étoit très considerée, & elle le meritoit : j'épousai son frere quelques années avant sa profession ; & comme j'allois souvent dans son Cloître, j'y vis la jeune Princesse d'Angleterre, dont l'esprit & le merite me charmerent. Cette connoissance me donna depuis l'honneur de sa familiarité, en sorte que quand elle fut mariée, j'eus toutes les entrées particuliéres chez elle, & quoi que je fusse plus agée de dix ans qu'elle, elle me témoigna jusqu'à la mort beaucoup de bonté, & eut beaucoup d'égards pour moi.

Je n'avois aucune part à sa confidence sur de certaines affaires ; mais quand elles étoient passées, & presque rendues publiques, elle prenoit plaisir à me les raconter.

L'année 1664. le Comte de Guiche * fut exilé. Un jour qu'elle me fai-

* *Fils aîné du Maréchal de Grammont.*

PRÉFACE.

faisoit le recit de quelques circonstances assez extraordinaires de sa passion pour elle, ne trouvez vous pas, me dit-elle, que si tout ce qui m'est arrivé, & les choses qui y ont relation, étoit écrit, cela composeroit une jolie Histoire? vous écrivez bien, ajouta-t-elle, écrivez, je vous fourniray de bons mémoires.

J'entrai avec plaisir dans cette pensée, & nous fîmes ce plan de notre Histoire telle qu'on la trouvera ici.

Pendant quelque tems lorsque je la trouvois seule, elle me contoit des choses particuliéres que j'ignorois, mais cette fantaisie lui passa bientôt, & ce que j'avois commencé demeura quatre ou cinq années sans qu'elle s'en souvint.

En 1669. le Roi alla à Chambord; Elle étoit à St. Clou, où elle faisoit ses couches de la Duchesse de Savoye aujourd'hui regnante; j'étois auprès d'elle, il y avoit peu de monde; elle se souvint du projet de cette Histoire

PRÉFACE

toire, & me dit, qu'il faloit la reprendre. Elle me conta la suite des choses qu'elle avoit commencé à me dire, je me remis à les écrire, je lui montrois le matin ce que j'avois fait sur ce qu'elle m'avoit dit le soir; Elle en étoit très contente, c'étoit un ouvrage assez difficile que de tourner la vérité en de certains endroits d'une maniére qui la fit connoître, & qui ne fût pas néantmoins offensante ni desagreable à la Princesse. Elle badinoit avec moi sur les endroits qui me donnoient le plus de peine, & elle prit tant de goût à ce que j'écrivois, que pendant un voyage de deux jours, que je fis à Paris, elle écrivit elle-même ce que j'ai marqué pour être de sa main, & que j'ai encore.

Le Roi revint: elle quitta St. Clou, & notre ouvrage fut abandonné. L'année suivante elle fut en Angleterre, & peu de jours après son retour, cette Princesse étant à St. Clou perdit la vie d'une maniére qui fera

PREFACE.

toûjours l'étonnement de ceux qui liront cette Histoire. J'avois l'honneur d'être auprès d'elle, lors que cet accident funeste arriva ; je sentis tout ce que l'on peut sentir de plus douloureux, en voyant expirer la plus aimable Princesse qui fut jamais, & qui m'avoit honorée de ses bonnes graces ; cette perte est de celles dont on ne se console jamais, & qui laissent une amertume répandue dans tout le reste de la vie.

La mort de cette Princesse ne me laissa ni le dessein ni le goût de continuer cette Histoire, & j'écrivis seulement les circonstances de sa mort dont je fus témoin.

HISTOIRE DE MADAME HENRIETTE D'ANGLETERRE

Première Femme de PHILIPPE DE FRANCE DUC D'ORLEANS.

PREMIERE PARTIE.

LA paix étoit faite entre la France & l'Espagne, le mariage du Roi étoit achevé après beaucoup de difficulté, & le Cardinal Mazarin tout glorieux d'avoir donné la paix à la France, sembloit n'avoir plus qu'à joüir de cette grande for-

A tune

tune où son bonheur l'avoit élevé. Jamais Ministre n'avoit gouverné avec une puissance si absolue & jamais Ministre ne s'étoit si bien servi de sa puissance pour l'établissement de sa grandeur.

La Reine Mere, (*a*) pendant sa regence, lui avoit laissé toute l'autorité Royalle, comme un fardeau trop pesant pour un naturel aussi paresseux que le sien. Le Roi (*b*) à sa majorité lui avoit trouvé cette autorité entre les mains, & n'avoit eu ni y la force, ni peut-être même l'envie de la lui ôter : on lui representoit les troubles que la mauvaise conduite de ce Cardinal avoit excités comme un effet de la haine des Princes pour un Ministre, qui avoit voulu donner des bornes

(a) *Anne d'Autriche.*
(b) *Louis XIV.*

bornes à leur ambition; on lui faisoit considerer le Ministre comme un homme qui seul avoit tenu le Timon de l'Etat pendant l'orage qui l'avoit agité, & dont la bonne conduite en avoit peut-être empêché la perte.

Cette consideration jointe à une soumission sucée avec le lait, rendit le Cardinal plus absolu sur l'esprit du Roi qu'il ne l'avoit été sur celui de la Reine. L'Etoile qui lui donnoit une autorité si entiére s'étendit même jusqu'à l'amour. Le Roi n'avoit pu porter son cœur hors la famille de cet heureux Ministre, il l'avoit donné dès sa plus tendre jeunesse à la troisiéme de ses Niéces Mademoiselle (*a*) de Mancíny, & s'il le retira quand il fut

dans

_____
(*a*) *Depuis Madame de Soissons.*

dans un âge plus avancé, ce ne fut que pour le donner entiérement à une quatriéme niéce, qui portoit le même nom de (*a*) Manciny, à laquelle il se soumit si absolument que l'on peut dire qu'elle fut la Maitresse d'un Prince que nous avons vu depuis Maître de sa Maitresse & de son amour.

Cette même Etoile du Cardinal produisoit seule un effet si extraordinaire; elle avoit étoufé dans la France tous les restes de cabale & de dissention. La paix génerálle avoit fini toutes les guerres étrangéres; le Cardinal avoit satisfait en partie aux obligations qu'il avoit à la Reine, par le mariage du Roi qu'elle avoit si ardemment souhaité & qu'il avoit fait, bien qu'il le crût contraire à ses intérêts.

Ce

(*a*) *Depuis Madame Colonne.*

Ce mariage lui étoit même favorable & l'esprit doux & paisible de la Reine ne lui pouvoit laisser lieu de craindre qu'elle entreprît de lui ôter le gouvernement de l'Etat; enfin on ne pouvoit ajouter à son bonheur que la durée, mais ce fut ce qui lui manqua.

La mort interrompit une félicité si parfaite & peu de temps après que l'on fut de retour du voyage, où la paix & le mariage s'étoient achevés, il mourut au bois de Vincennes, avec une fermeté beaucoup plus Philosophe que Chrétienne.

Il laissa par sa mort un amas infini de Richesses; il choisit le fils du Maréchal de la Milleraye (*a*) pour l'héritier de son nom & de ses Tresors; il lui fit épouser

___
(a) *Depuis Duc de Mazarin.*

Hortence (*a*) la plus belle de ses niéces & disposa en sa faveur de tous les établissemens qui dependoient du Roi, de la même maniére qu'il disposoit de son propre bien.

Le Roi en agréa néanmoins la disposition, aussi bien que celle qu'il fit en mourant de toutes les charges & de tous les bénéfices qui étoient pour lors à donner. Enfin après sa mort son ombre étoit encore la Maitresse de toutes choses, & il paroissoit que le Roi ne pensoit à se conduire que par les sentimens qu'il lui avoit inspirés.

Cette mort donnoit de grandes esperances à ceux qui pouvoient pretendre au Ministére; ils croioient avec apparence qu'un Roi qui venoit de se laisser gouverner entiérement & pour les choses qui regar-

(*a*) *Depuis Madame de Mazarin.*

gardoient son Etat que pour celles qui regardoient sa personne, s'abandonneroit à la conduite d'un Ministre qui ne voudroit se mêler que des affaires publiques & qui ne prendroit point connoissance de ses actions particuliéres.

Il ne pouvoit tomber dans leur imagination qu'un homme pût être si dissemblable de lui même, & qu'ayant toûjours laissé l'autorité du Roi entre les mains de son premier Ministre il voulût reprendre à la fois & l'autorité du Roi & les fonctions de premier Ministre.

Ainsi beaucoup de gens esperoient quelque part aux affaires; & beaucoup de dames par des raisons à peu près semblables esperoient beaucoup de part aux bonnes graces du Roi. Elles avoient vu qu'il avoit passionément aimé Mademoiselle Man-

Manciny & qu'elle avoit paru avoir sur lui le plus absolu pouvoir qu'une Maîtresse ait jamais eu sur le cœur d'un amant ; elles esperoient qu'ayant plus de charmes elles auroient pour le moins autant de crédit, & il y en avoit déja beaucoup qui prenoient pour modèle de leur fortune celui de la Duchesse de Beaufort ; (a).

Mais pour faire mieux comprendre l'Etat de la cour après la mort du Cardinal Mazarin & la suite des choses dont nous avons à parler, il faut depeindre en peu de mots les personnes de la maison Roiale, les Ministres qui pouvoient pretendre au Gouvernement de l'Etat & les Dames qui pouvoient aspirer aux bonnes graces du Roi.

POR-

(a) *Gabrielle d'Estrées Maitresse de Henry IV.*

PORTRAIT DE LA REINE MERE, ANNE D'AUTRICHE.

La Reine Mere par son rang tenoit la premiére place dans la maison Royalle & selon les apparences elle devoit la tenir par son crédit; mais le même naturel qui lui avoit rendu l'autorité Royale un pesant fardeau, pendant qu'elle étoit toute entiére entre ses mains, l'empêchoit de songer à en reprendre une partie lors qu'elle n'y étoit plus. Son esprit avoit paru inquiet & porté aux affaires pendant la vie du Roi son mari, mais dès qu'elle avoit été Maitresse & d'elle même & du Royaume, elle n'avoit pensé qu'à mener une vie douce, à s'occuper à ses exercices de dévotion & avoit témoigné une assés grande indifference pour toutes choses. Elle étoit sensible néanmoins à l'amitié de ses enfans ; elle les avoit élevés auprès d'elle avec une tendresse qui lui donnoit quelque jalousie des personnes avec lesquelles ils cherchoient leur plaisir: ainsi elle étoit contente pourvu qu'ils eussent de l'attention à la voir, & elle étoit incapable de se donner la peine de prendre sur eux une véritable autorité.

PORTRAIT DE MADAME THERESE D'AUTRICHE.

La jeune Reine étoit une personne de vingt-deux ans, bienfaite de sa personne & qu'on pouvoit appeller belle, quoiqu'elle ne fût pas agréable. Le peu de séjour qu'elle avoit fait en France, & les
im-

impressions qu'on en avoit données avant qu'elle y arrivât étoient cause qu'on ne la connoissoit quasi pas, ou que du moins on croioit ne la pas connoître, en la trouvant d'un esprit fort eloigné de ces desseins ambitieux dont on avoit tant parlé; on la voyoit toute occupée d'une violente passion pour le Roi, attachée dans tout le reste de ses actions à la Reine sa belle Mere sans distinction de personnes, ny de divertissemens & sujette à beaucoup de chagrins à cause de l'extrême jalousie qu'elle avoit du Roi.

PORTRAIT DE PHILIPPE DE FRANCE DUC D'ORLEANS.

Monsieur Frere unique du Roi n'étoit pas moins attaché à la Reine sa Mere; ses inclinations étoient

toient aussi conformes aux occupations des femmes que celles du Roi en étoient éloignées, il étoit beau & bien fait, mais d'une beauté & d'une taille plus convenable à une Princesse qu'à un Prince, aussi avoit il plus songé à faire admirer sa beauté de tout le monde qu'à s'en servir pour se faire aimer des femmes, quoi qu'il fût continuellement avec elles; son amour propre sembloit ne le rendre capable que d'attachement pour lui même.

PORTRAIT DE MADAME DE THIANGES.

Madame de Thianges (*a*) fille aînée du Duc de Mortemar avoit paru lui plaire plus que les autres, mais leur commerce étoit plutôt une con-

(*a*) *Mademoiselle de Rochechoüart Sœur Ainée de Madame de Montespan.*

confidence libertine qu'une véritable galanterie ; l'esprit du Prince étoit naturellement doux, bienfaisant & civil, capable d'être prevenu, & si susceptible d'impressions que les personnes qui l'approchoient pouvoient quasi repondre de s'en rendre Maîtres, en le prenant par son foible. La jalousie dominoit en lui, mais cette jalousie le faisoit plus souffrir que personne, la douceur de son humeur le rendant incapable des actions violentes que la grandeur de son rang auroit pu lui permettre.

Il est aisé de juger parce que nous venons de dire qu'il n'avoit nulle part aux affaires, puisque sa jeunesse, ses inclinations & la domination absolue du Cardinal étoient autant d'obstacles qui l'en éloignoient.

POR-

PORTRAIT DE LOUIS XIV, ENCORE JEUNE.

Il semble qu'en voulant décrire la Maison Royalle je devois commencer par celui qui en est le Chef, mais on ne sçauroit le dépeindre que par ses actions, & celles que nous avons veuës jusqu'au temps dont nous venons de parler étoient si éloignées de celles que nous avons vues depuis, qu'elles ne pouroient guére servir à le faire connoître. On en poura juger par ce que nous avons à dire; on le trouvera sans doute un des plus grands Rois qui ayent jamais été, un des plus honnêtes hommes de son Royaume, & l'on pouroit dire le plus parfait s'il n'étoit point

point si avare de l'esprit que le ciel lui a donné & qu'il voulût le laisser paroître tout entier sans le renfermer si fort dans la Majesté de son Rang.

Voilà quelles étoient les personnes qui composoient la Maison Royale; pour le Ministére il étoit douteux entre Monsieur Fouquet Sur-Intendant des Finances, Monsieur le Tellier Secretaire d'Etat & Monsieur Colbert. (a) Ce troisiéme avoit eu dans les derniers temps toute la confiance du Cardinal Mazarin; on sçavoit que le Roi n'agissoit encore que selon les sentimens & les mémoires de ce Ministre, mais l'on ne sçavoit pas précisement quels étoient les sentimens & les mémoires qu'il

(a) *Depuis Contrôleur General des Finances.*

qu'il avoit donnez à sa Majesté; on ne doutoit pas qu'il n'eût ruiné la Reine Mere dans l'esprit du Roi aussi bien que beaucoup d'autres personnes, mais on ignoroit celles qu'il y avoit établies.

PORTRAIT DE MONSIEUR FOUQUET.

Monsieur Fouquet peu de tems avant la mort du Cardinal avoit été quasi perdu auprès de lui pour s'être brouillé avec Monsieur Colbert. Ce Sur-Intendant étoit un homme d'une étendue d'esprit & d'une ambition sans bornes, civil, obligeant pour tous les gens de qualité & qui se servoit des finances pour les acquerir & pour les embarquer dans ses intrigues, dont les desseins étoient infinis pour les affaires, aussi bien que pour la galanterie.

PORTRAIT DE MONSIEUR LE TELLIER.

Monsieur le Tellier paroissoit plus sage & plus modéré, attaché à ses seuls intérêts, & à des intérêts solides, sans être capable de s'éblouïr du faste & de l'éclat comme Monsieur Fouquet.

PORTRAIT DE MONSIEUR COLBERT.

Monsieur Colbert étoit peu connu par diverses raisons, & l'on sçavoit seulement qu'il avoit gagné la confiance du Cardinal par son habileté & son Oeconomie.

Le Roi n'appelloit au Conseil que ces trois personnes, & l'on attendoit à voir qui l'emporteroit sur les autres, sçachant bien qu'ils n'étoient pas unis, & que quand ils l'auroient été, il étoit impossible qu'ils le demeurassent.

Il nous reste à parler des Dames qui étoient alors le plus avant à la Cour, & qui pouvoient aspirer aux bonnes graces du Roi.

PORTRAIT DE LA COMTESSE DE SOISSONS.

La Comtesse de Soissons auroit pu y prétendre, par la grande habitude qu'elle avoit conservée avec lui, & pour avoir été sa premiére inclination. C'étoit une personne qu'on ne pouvoit pas appeller belle, & qui néanmoins étoit capable de plaire. Son esprit n'avoit rien d'extraordinaire, ni de fort poli, mais il étoit naturel & agréable avec les personnes qu'elle connoissoit. La grande fortune de son Oncle l'autorisoit à n'avoir pas besoin de se contraindre ;

dre. Cette liberté qu'elle avoit prise, jointe à un esprit vif & à un naturel ardent, l'avoit renduë si attachée à ses propres volontés, qu'elle étoit incapable de s'assujetir qu'à ce qui lui étoit agreable : elle avoit naturellement de l'ambition, & dans le tems où le Roi l'avoit aimée, le Trône ne lui avoit point paru trop au-dessus d'elle, pour n'oser y aspirer. Son oncle, qui l'aimoit fort, n'avoit pas été éloigné du dessein de l'y faire monter ; mais tous les faiseurs d'horoscope l'avoient tellement assûré qu'elle ne pouroit y parvenir, qu'il en avoit perdu la pensée, & l'avoit mariée au Comte de Soissons. Elle avoit pourtant toûjours conservé quelque crédit auprès du Roi, & une certaine liberté de lui parler plus hardiment que les autres; ce qui faisoit soupçonner assés souvent que dans de certains momens la galanterie trouvoit encore place dans leur conversation.

Cependant il paroissoit impossible que le Roi lui redonnât son cœur ; ce Prince étoit plus sensible en quelque maniére à l'attachement qu'on avoit pour lui, qu'à l'agrément & au mérite des personnes. Il avoit aimé la Comtesse de Soissons avant qu'elle fût mariée, & il avoit cessé de l'aimer, par l'opinion qu'il avoit que Villequier (*a*) ne lui étoit pas desagreable ; peut-être l'avoit il cru sans fondement, & il y a même assés d'apparence qu'il se trompoit, puis qu'étant si peu capable de se contraindre, si elle l'eût aimé, elle l'eût bientôt fait paroître. Mais enfin puisqu'il l'avoit quittée sur le simple

(a) *Depuis Duc d'Aumont.*

simple soupçon qu'un autre en étoit aimé, il n'avoit garde de retourner à elle, lors qu'il croioit avoir une certitude entiére qu'elle aimoit le Marquis de Vardes (b).

Mademoiselle *Mancini* étoit encore à la Cour quand son Oncle mourut. Pendant sa vie il avoit conclu son mariage avec le Connétable Colonne; & l'on n'attendoit plus que celui qui devoit l'épouser au nom de ce Connétable, pour la faire partir de France. Il étoit difficile de démêler quels étoient ses sentimens pour le Roi, & quels sentimens le Roi avoit pour elle. Il l'avoit passionnément aimée, comme nous avons déja dit : & pour faire comprendre jusqu'où cette

___

(b) *Dubec Crepin Marquis de Vardes Capitaine des cent Suisses.*

passion l'avoit mené, nous dirons en peu de mots ce qui s'étoit passé à la mort du Cardinal.

Cet attachement avoit commencé pendant le voyage de Calais, & la reconnoissance l'avoit fait naître plutôt que la Beauté: Mademoiselle de *Mancini* n'en avoit aucune; il n'y avoit nul charme dans sa personne & très peu dans son Esprit, quoiqu'elle en eût infiniment. Elle l'avoit hardi, resolu, emporté, libertin & éloigné de toute sorte de civilité & de politesse.

Pendant une dangereuse maladie (*a*) que le Roi avoit eue à Calais, elle avoit témoigné une affliction si violente de son mal, & l'avoit si peu cachée, que, lorsqu'il commença à se mieux porter, tout le monde lui parla de la douleur de

(*a*) *La petite Verole.*

de Mademoiselle de Mancini, peut-être dans la suite lui en parla-t-elle elle-même. Enfin elle lui fit paroître tant de passion, & rompit si entiérement toutes les contraintes, où la Reine Mere & le Cardinal la tenoient, que l'on peut dire qu'elle contraignit le Roi à l'aimer.

Le Cardinal ne s'opposa pas d'abord à cette passion; il crut qu'elle ne pouvoit être que conforme à ses intérêts, mais comme il vit dans la suite que sa Niéce ne lui rendoit aucun compte de ses conversations avec le Roi, & qu'elle prenoit sur son esprit tout le crédit qui lui étoit possible, il commença à craindre qu'elle n'y en prît trop, & voulut apporter quelque diminution à cet attachement. Il vit bientôt qu'il s'en étoit avisé trop tard; le Roi étoit entiérement abandonné

donné à sa passion, & l'opposition qu'il fit paroître, ne servit qu'à aigrir contre lui l'Esprit de sa Niéce, & à la porter à lui rendre toute sorte de mauvais services.

Elle n'en rendit pas moins à la Reine dans l'Esprit du Roi, soit en lui décriant sa conduite pendant la Régence, ou en lui apprenant tout ce que la médisance avoit inventé contre elle ; enfin elle éloignoit si bien de l'Esprit du Roi tous ceux qui pouvoient lui nuire & s'en rendit Maitresse si absolue, que pendant le tems que l'on commençoit à traiter la paix & le mariage, il demanda au Cardinal la permission de l'épouser, & témoigna ensuite, par toutes ses actions, qu'il le souhaitoit.

Le

Le Cardinal qui sçavoit que la Reine ne pouroit entendre sans horreur la proposition de ce mariage, & que l'execution en eût été très hazardeuse pour lui, se voulut faire un mérite, envers la Reine & envers l'Etat, d'une chose qu'il croioit contraire à ses propres intérêts.

Il déclara au Roi qu'il ne consentiroit jamais à lui laisser faire une alliance si disproportionnée, & que s'il la faisoit de son autorité absoluë, il lui demanderoit à l'heure même la permission de se retirer hors de France.

La résistance du Cardinal étonna le Roi, & lui fit peut-être faire des reflexions qui ralentirent la violence de son amour: l'on continua de traiter la paix & le mariage, & le Cardinal, avant que de partir pour aller régler les articles de l'un & de l'autre, ne voulut pas laisser fa Niéce à la Cour : il resolut de l'envoyer à Broüage ; le Roi en fut aussi affligé que le peut-être un Amant à qui l'on ôte fa Maitresse, mais Mademoiselle Mancini, qui ne se contentoit pas des mouvemens de son cœur, & qui auroit voulu qu'il eût témoigné son amour par des actions d'autorité, lui reprocha, en lui voyant répandre des larmes lorsqu'elle monta en carosse, qu'il pleuroit & qu'il étoit le Maître : ces reproches ne l'obligerent pas à le vouloir être ; il la laissa partir quelque affligé qu'il fût; lui promettant néanmoins qu'il ne consentiroit jamais au mariage d'Espagne, & qu'il n'abandonneroit pas le dessein de l'épouser,

 Toute la Cour partit quelquetems

tems après pour aller à Bourdeaux, afin d'être plus près du lieu où l'on traitoit la Paix.

Le Roi vit Mademoiselle Mancini à St. Jean d'Angeli, il en parut plus amoureux que jamais dans le peu de momens qu'il eut à être avec elle, & lui promit toûjours la même fidélité. Le tems, l'absence & la raison le firent enfin manquer à sa promesse; & quand le Traité fut achevé, il l'alla signer à l'Isle de la Conférence, & prendre l'Infante d'Espagne des mains du Roi son Pere, pour la faire Reine de France dès le lendemain.

La Cour revint ensuite à Paris. Le Cardinal, qui ne craignoit plus rien, y fit aussi revenir ses Niéces.

Mademoiselle Mancini étoit outrée de rage & de desespoir : elle trouvoit qu'elle avoit perdu en même me tems un Amant fort aimable, & la plus belle Couronne de l'Univers ; un Esprit plus moderé que le sien auroit eu de la peine à ne pas s'emporter dans une semblable occasion ; aussi s'étoit elle abandonnée à la rage & à la colére.

Le Roi n'avoit plus la même passion pour elle ; la possession d'une Princesse belle & jeune, comme la Reine sa femme, l'occupoit agréablement : néanmoins comme l'attachement d'une femme est rarement un obstacle à l'amour qu'on a pour une Maitresse, le Roi seroit peut-être revenu à Mademoiselle Mancini, s'il n'eût connu qu'entre tous les partis, qui se presentoient alors pour l'épouser, elle souhaitoit ardemment le Duc Charles, Neveu du Duc de Lorraine, & s'il n'an'avoit été persuadé que ce Prince avoit sçu toucher son cœur.

Le Mariage ne s'en put faire par plusieurs raisons, le Cardinal conclut celui du Connétable Colonne ; & mourut, comme nous avons dit avant qu'il fût achevé.

Mademoiselle Mancini avoit une si horrible repugnance pour ce mariage, que voulant l'éviter, si elle eût vu quelque apparence de regagner le cœur du Roi, malgré tout son dépit, elle y auroit travaillé de toute sa puissance.

Le Public ignoroit le secret dépit qu'avoit eû le Roi du penchant qu'elle avoit témoigné pour le mariage du neveu du Duc de Lorraine, & comme on le voyoit souvent aller au Palais Mazarin, où elle logeoit avec Madame Mazarin sa Sœur, on ne sçavoit si le Roi y étoit conduit par les restes de son ancienne flâme, ou par les étincelles d'une nouvelle, que les yeux de Madame Mazarin étoient bien capables d'allumer.

PORTRAIT DE MADAME MAZARIN.

C'étoit, comme nous avons dit, non seulement la plus belle des Niéces du Cardinal, mais aussi une des plus parfaites Beautés de la Cour. Il ne lui manquoit que de l'Esprit pour être accomplie, & pour lui donner la vivacité qu'elle n'avoit pas; ce deffaut même n'en étoit pas un pour tout le monde, & beaucoup de gens trouvoient son air languissant & sa négligence capables de se faire aimer.

Ainsi les opinions se portoient
aisé-

aisément à croire que le Roi lui en vouloit, & que l'ascendant du Cardinal garderoit encore son cœur dans sa famille. Il est vrai que cette opinion n'étoit pas sans fondement; l'habitude que le Roi avoit prise avec les Niéces du Cardinal, lui donnoit plus de disposition à leur parler, qu'à toutes les autres femmes; & la beauté de Madame Mazarin, jointe à l'avantage que donne un Mari qui n'est guére aimable, à un Roi qui l'est beaucoup, l'eût aisément porté à l'aimer, si Monsieur de Mazarin n'avoit eu ce même soin, que nous lui avons vû depuis, d'éloigner sa femme des lieux où étoit le Roi.

Il y avoit encore à la Cour un grand nombre de belles Dames, sur qui le Roi auroit pu jetter les yeux.

POR-

PORTRAIT DE MADAME D'ARMAGNAC.

Madame d'Armagnac fille du Maréchal de Villeroi étoit d'une beauté à attirer ceux de tout le monde. Pendant qu'elle étoit fille elle avoit donné beaucoup d'esperance à tous ceux qui l'avoient aimée, qu'elle souffriroit aisément de l'être lorsque le mariage l'auroit mise dans une condition plus libre. Cependant, si tôt qu'elle eut épousé Monsieur d'Armagnac, soit qu'elle eût de la passion pour lui, ou que l'âge l'eût rendue plus circonspecte, elle s'étoit entiérement retirée dans sa famille.

La seconde fille du Duc de Mortemar (a) qu'on appelloit Mademoiselle de Tonnay-Charente, étoit encore une beauté très-achevée, quoiqu'elle ne fût pas parfaitement agréable. Elle avoit beaucoup d'Esprit, & une sorte d'Esprit plaisant & naturel, comme tous ceux de sa maison.

Le reste des belles personnes qui étoient à la Cour, ont trop peu de part à ce que nous avons à dire, pour m'obliger d'en parler ; & nous ferons seulement mention de celles qui s'y trouveront mêlées, selon que la suite nous y engagera.

(a) *Madame de Montespan.*

Fin de la Premiére partie.

SECONDE PARTIE.

LA Cour étoit revenue à Paris aussi-tôt après la mort du Cardinal. Le Roi s'appliquoit à prendre une connoissance exacte des affaires : il donnoit à cette occupation la plus grande partie de son tems, & partageoit le reste avec la Reine sa femme.

Celui qui devoit épouser Mademoiselle Mancini, au nom du Connétable Colonne arriva à Paris, & elle eut la douleur de se voir chassée de France par le Roi ; ce fut à la vérité avec tous les honneurs imaginables. Le Roi la traita dans son mariage, & dans tout le reste, comme si son Oncle eût encore vécû ; mais enfin on la maria, & on la fit partir avec assés de précipitation.

Elle soutint sa douleur avec beaucoup de constance, & même avec assés de fierté ; mais au premier lieu où elle coucha en sortant de Paris, elle se trouva si pressée de sa douleur, & si accablée de l'extrême violence qu'elle s'étoit faite, qu'elle pensa y demeurer : enfin elle continua son chemin, & s'en alla en Italie, avec la consolation de n'être plus sujette d'un Roi, dont elle avoit cru devoir être la femme.

La premiére chose considerable qui se fit après la mort du Cardinal, ce fut le mariage de Monsieur avec la Princesse d'Angleterre. Il avoit été resolu par le Cardinal, & quoique cette alliance semblât contraire à toutes les règles de la politique, il avoit cru qu'on devoit être si assûré de la douceur du naturel de Monsieur, & de son attachement pour le Roi, qu'on ne devoit point craindre de lui donner un Roi d'Angleterre, pour Beaufrere.

L'Histoire de notre siécle est si remplie des grandes Revolutions de ce Royaume, & le malheur qui fit perdre la vie au meilleur (a) Roi du monde sur un Echafaut par les mains de ses sujets, & qui contraignit la Reine sa femme à venir chercher un azile dans le Royaume de ses Peres, est un exemple de l'inconstance de la Fortune, qui est sçu de toute la terre.

PORTRAIT DE MADAME.

Le changement funeste de cette Maison Royale fut favorable en quelque chose à la Princesse d'Angleterre. Elle étoit enco-

(a) *Charles I. qui eut la tête tranchée à Londre le 9. Fevrier 1649.*

encore entre les bras de sa Nourice, & fut la seule de tous les enfans de la Reine sa Mere, (a) qui se trouva auprès d'elle pendant sa disgrace. Cette Reine s'appliquoit toute entiére au soin de son éducation, & le malheur de ses affaires la faisant plutôt vivre en personne privée qu'en Souveraine, cette jeune Princesse prit toutes les lumiéres, toute la civilité, & toute l'humanité des conditions ordinaires, & conserva dans son cœur & dans sa personne, toutes les grandeurs de sa naissance Royale.

Aussi-tôt que cette Princesse commença à sortir de l'enfance, on lui trouva un agrément extraordinaire. La Reine Mere témoigna beaucoup d'inclination pour elle; & comme il n'y avoit alors nulle appa-

___
(a) *Henriette de France, fille de Henri quatre.*

apparence que le Roi pût épouzer l'Infante sa niéce, elle parut souhaiter qu'il épousât cette Princesse. Le Roi au contraire témoigna de l'aversion pour ce mariage, & même pour sa personne; il la trouvoit trop jeune pour lui, & il avouoit enfin qu'elle ne lui plaisoit pas, quoiqu'il n'en pût dire la raison ; aussi eût il été difficile d'en trouver ; C'étoit principalement ce que la Princesse d'Angleterre possedoit au souverain degré que le don de plaire & ce qu'on appelle graces, & les charmes étoient répandus en toute sa personne, dans ses actions, & dans son esprit; & jamais Princesse n'a été si également capable de se faire aimer des hommes, & adorer des femmes.

En croissant, sa beauté augmenta

aussi

aussi ; en sorte que, quand le mariage du Roi fut achevé, celui de Monsieur & d'Elle fut resolu. Il n'y avoit rien à la Cour qu'on pût lui comparer.

En ce même tems le Roi (*a*) son frere fut rétabli sur le Trône, par une Révolution presque aussi prompte, que celle qui l'en avoit chassé. Sa Mere voulut aller jouir du plaisir de le voir paisible possesseur de son Royaume, & avant que d'achever le mariage de la Princesse sa fille, elle la mena avec elle en Angleterre. Ce fut dans ce voyage que la Princesse commença à reconnoître la puissance de ses charmes ; le Duc de Bouckingam (*b*), fils de celui qui fut decapité, jeune & bienfait, étoit alors

(a) *Qui fut retabli en* 1660. *Charles II.*
(b) *Il ne fut pas décapité, mais il fut assassiné par Felton.*

alors fortement attaché à la Princesse Royale (*a*) sa sœur, qui étoit à Londres. Quelque grand que fût cet attachement, il ne put tenir contre la Princesse d'Angleterre, & ce Duc devint si passionnément amoureux d'elle, qu'on peut dire qu'il en perdit la raison.

La Reine d'Angleterre étoit tous les jours pressée par des lettres de Monsieur, de s'en retourner en France, pour achever son mariage, qu'il témoignoit souhaiter avec impatience ; ainsi elle fut obligée de partir quoique la saison fût fort rude & fort fâcheuse.

Le Roi son fils l'accompagna jusqu'à une journée de Londres. Le Duc de Bouckingam la suivit comme

---

(a) *Depuis Femme de l'Electeur Palatin.*

me tout le reste de la Cour; mais au lieu de s'en retourner de même, il ne put se resoudre à abandonner la Princesse d'Angleterre, & demanda au Roi permission de passer en France, desorte que sans équipage & sans toutes les choses nécessaires pour un pareil voyage, il s'embarqua à Portsmouth avec la Reine.

Le vent fut favorable le premier jour, mais le lendemain il fut si contraire, que le vaisseau de la Reine se trouva ensablé, & en grand danger de périr; l'épouvante fut grande dans tout le Navire; & le Duc de Bouckingam, qui craignoit pour plus d'une vie, parut dans un desespoir inconcevable.

Enfin on tira le vaisseau du
péril

péril où il étoit, mais il falut relâcher au port.

Madame la Princesse d'Angleterre fut attaquée d'une fiévre très violente. Elle eut pourtant le courage de vouloir se rembarquer dès que le vent fut favorable ; mais sitôt qu'elle fut dans le vaisseau, la Rougeolle sortit ; desorte qu'on ne put abandonner la terre, & qu'on ne put aussi songer à debarquer, de peur de hazarder sa vie par cette agitation.

Sa maladie fut très dangereuse. Le Duc de Bouckingam parut comme un fou & un desesperé, dans les momens où il la crut en péril. Enfin lors qu'elle se porta assés bien pour souffrir la Mer, & pour aborder au Havre, il eut des jalousies si extravagantes des soins que l'Amiral d'Angleterre prenoit pour

pour cette Princesse, qu'il le querella sans aucune sorte de raison; & la Reine craignant qu'il n'en arrivât du desordre, ordonna au Duc de Bouckingam de s'en aller à Paris, pendant qu'elle sejourneroit quélque-tems au Havre, pour laisser reprendre des forces à la Princesse sa fille.

Lorsqu'elle fut entiérement rétablie, elle revint à Paris. Monsieur alla au devant d'elle, avec tous les empressemens imaginables, & continua jusqu'à son mariage à lui rendre des devoirs, auxquels il ne manquoit que de l'amour, mais le miracle d'enflamer le cœur de ce Prince n'étoit réservé à aucune femme du monde.

POR.

PORTRAIT DU COMTE DE GUICHES.

Le Comte de Guiches étoit en ce tems-là son favori. C'étoit le jeune homme de la Cour le plus beau & le mieux fait, aimable de sa personne, galant, hardy, brave, rempli de grandeur & d'élevation : la vanité que tant de bonnes qualités lui donnoient, & un air méprisant répandu dans toutes ses actions, ternissoient un peu tout ce mérite ; mais il faut pourtant avouer qu'aucun homme de la Cour n'en avoit autant que lui, Monsieur l'avoit fort aimé dès l'enfance, & avoit toûjours conservé avec lui un grand commerce, & aussi étroit qu'il y en peut avoir entre de jeunes gens.

Le Comte étoit alors amoureux de

de Madame de Chalais fille du Duc de Marmoutiers ; elle étoit très-aimable, fans être fort belle ; il la cherchoit par tout, il la fuivoit en tous lieux : enfin c'étoit une paffion fi publique, & fi déclarée qu'on doutoit qu'elle fût approuvée de celle qui la caufoit ; & l'on s'imaginoit que s'il y avoit eu quelque intelligence entre eux, elle lui auroit fait prendre des chemins plus cachés. Cependant il eft certain que s'il n'en étoit pas tout à fait aimé, il n'en étoit pas haï, & qu'elle voyoit fon amour fans colére. Le Duc de Bouckingam fut le premier qui fe douta qu'elle n'avoit pas affés de charmes, pour retenir un homme, qui feroit tous les jours expofé à ceux de Madame la Princeffe d'Angleterre. Un foir qu'il étoit venu chés elle, Madame me de Chalais y vint auſſi. La Princeſſe lui dit en Anglois, que c'étoit la Maitreſſe du Comte de Guiches, & lui demanda s'il ne la trouvoit pas fort aimable ; non lui repondit il, je ne trouve pas qu'elle le ſoit aſſez pour lui ; qui me paroît, malgré que j'en aye, le plus honnête homme de toute la Cour, & je ſouhaite, Madame, que tout le monde ne ſoit pas de mon avis. La Princeſſe ne fit pas réflexion à ce diſcours, & le regarda comme un effet de la paſſion de ce Duc, dont il lui donnoit tous les jours quelque preuve, & qu'il ne laiſſoit que trop voir à tout le monde.

Monſieur s'en apperçut bien-tôt, & ce fut en cette occaſion que Madame la Princeſſe d'Angleterre découvrit pour la premiére fois cette jalouſie naturelle, dont il lui donna na depuis tant de marques. Elle vit donc son chagrin ; & comme elle ne se soucioit pas du Duc de Bouckingam, qui, quoique fort aimable, a eû souvent le malheur de n'être pas aimé, elle en parla à la Reine sa Mere qui prit soin de remettre l'esprit de Monsieur, & de lui faire concevoir que la passion du Duc étoit regardée comme une chose ridicule.

Cela ne déplut point à Monsieur, mais il n'en fut pas entiérement satisfait; il s'en ouvrit à la Reine (*a*) sa Mere qui eut de l'indulgence pour la passion du Duc, en faveur de celle que son Pere lui avoit autre fois témoignée. Elle ne voulut pas qu'on fit de bruit, mais elle fut d'avis qu'on lui fit entendre, lorsqu'il auroit fait encore

(*a*) *Anne d'Autriche.*

core quelque séjour en France, que son retour étoit nécessaire en Angleterre, ce qui fut executé dans la suite.

Enfin le mariage de Monsieur s'acheva, & fut fait en carême sans cérémonie, dans la Chapelle du Palais. Toute la Cour rendit ses devoirs à Madame la Princesse d'Angleterre, que nous appellerons d'orenavant Madame.

Il n'y eut personne qui ne fût surpris de son agrément, de sa civilité, & de son esprit : comme la Reine Mere la tenoit fort près de sa personne, on ne la voyoit jamais que chés elle, où elle ne parloit quasi point. Ce fut une nouvelle découverte de lui trouver l'esprit aussi aimable que tout le reste; on ne parloit que d'elle,

&

(a) *Mariage de Monsieur.*

& tout le monde s'empressoit à lui donner des louanges.

Quelque-tems après son mariage elle vint loger chez Monsieur aux Thuileries ; le Roi & la Reine allerent à Fontainebleau. Monsieur & Madame demeurerent encore quelque tems à Paris : ce fut alors que toute la France se trouva chez elle ; tous les hommes ne pensoient qu'à lui faire leur Cour, & toutes les femmes qu'à lui plaire.

Madame de Valentinois (*a*) Sœur du Comte de Guiches, que Monsieur aimoit fort, à cause de son Frere, & à cause d'elle même, car il avoit pour elle toute l'inclination dont il étoit capable, fut une de celles qu'elle choisit pour être dans ses plaisirs, Mesdemoiselles

(a) *Depuis Madame de Monaco.*

felles de Crequi, & de Châtilon, (*a*) & Mademoiselle de Tonnay Charente (*b*) avoient l'honneur de la voir souvent, aussi bien que d'autres personnes, à qui elle avoit témoigné de la bonté avant qu'elle fût Mariée.

Mademoiselle de la Trimouille & Madame de la Fayette étoient de ce nombre. La premiére lui plaisoit par sa bonté, & par une certaine ingenuité à conter tout ce qu'elle avoit dans le cœur, qui ressentoit la simplicité des premiers siécles : l'autre lui avoit été agréable par son bonheur ; car bien qu'on lui trouvât du mérite, c'étoit une sorte de mérite si serieux en apparence, qu'il ne sembloit pas qu'il dût plaire à une Princesse aussi jeune

(a) *Depuis Duchesse de Mekelbourg.*
(b) *Depuis Madame de Montespan.*

jeune que Madame. Cependant elle lui avoit été agréable ; & elle avoit été si touchée du mérite, & de l'esprit de Madame qu'elle lui dut plaire dans la suite, par l'attachement qu'elle eut pour elle.

Toutes ces personnes passoient les après dînées chés Madame. Elles avoient l'honneur de la suivre au Cours ; au retour de la promenade on soupoit chés Monsieur ; après le souper tous les hommes de la Cour s'y rendoient, & on passoit le soir parmi les plaisirs de la Comédie, du jeu & des violons. Enfin on s'y divertissoit avec tout l'agrément imaginable, & sans aucun mélange de chagrin. Mademoiselle de Chalais, y venoit assés souvent, le Comte de Guiche ne manquoit pas de s'y rendre ; la familiarité qu'il avoit chés Monsieur, lui donnoit l'entrée chés ce Prince aux heures les plus particuliéres. Il voyoit Madame à tous momens avec tous ses charmes. Monsieur prenoit même le soin de les lui faire admirer: Enfin il l'exposoit à un péril qu'il étoit presque impossible d'éviter.

Après quelque séjour à Paris, Monsieur & Madame s'en allerent à Fontainebleau. Madame y porta la joye, & les plaisirs. Le Roi connut en la voyant de plus près, combien il avoit été injuste, en ne la trouvant pas la plus belle personne du monde. Il s'attacha fort à elle, & lui témoigna une complaisance extrême. Elle disposoit de toutes les parties de divertissement, elles se faisoient toutes pour elle, & il paroissoit que le Roi n'y avoit de plaisir, que par celui qu'elle en recevoit. C'étoit dans le milieu de l'Eté, Madame s'alloit Baigner

gner tous les jours, elle partoit en caroſſe à cauſe de la chaleur, & revenoit à cheval, ſuivie de toutes les Dames habillées gallamment, avec mille plumes ſur leur tête, accompagnées du Roi, & de la jeuneſſe de la Cour ; après ſouper on montoit dans des Caleches, & au bruit des violons on s'alloit promener une partie de la nuit autour du Canal.

L'attachement que le Roi avoit pour Madame, commença bientôt à faire du bruit, & à être interpreté diverſement. La Reine Mere en eut d'abord beaucoup de chagrin, il lui parut que Madame, lui ôtoit abſolument le Roi, & qu'il lui donnoit toutes les heures, qui avoient accoutumé d'être pour elle. La grande jeuneſſe de Madame lui perſuada qu'il ſeroit facile d'y remedier,

medier; & que lui faisant parler par l'Abbé de Montaigu, & par quelques personnes qui devoient avoir quelque credit sur son esprit, elle l'obligeroit à se tenir plus attachée à sa personne, & de n'attirer pas le Roi, dans des divertissemens qui en étoient éloignés.

Madame étoit lâsse de l'ennui, & de la contrainte qu'elle avoit essuiée auprès de la Reine sa Mere. Elle crut que la Reine sa Belle-Mere vouloit prendre sur elle une pareille autorité ; elle fut occupée de la joïe d'avoir ramené le Roi à elle, & de sçavoir par lui même que la Reine Mere tâchoit de l'en éloigner. Toutes ces choses la détournerent tellement des mesures qu'on vouloit lui faire prendre, que même elle n'en garda plus aucune. Elle se lia d'une maniére étroite

étroite avec la Comtesse de Soissons, qui étoit alors l'objet de la jalousie de la Reine, & de l'aversion de la Reine Mere, & ne pensa plus qu'à plaire au Roi comme Belle-Sœur; je croi qu'elle lui plut d'une autre maniére; je croi aussi qu'elle pensa qu'il ne lui plaisoit que comme un Beau-Frere, quoi qu'il lui plût peut-être d'avantage : mais enfin comme ils étoient tous deux infiniment aimables, & tous deux nez avec des dispositions galantes, qu'ils se voyoient tous les jours, au milieu des plaisirs & des divertissemens, il parut aux yeux de tout le monde, qu'ils avoient l'un pour l'autre cet agrément, qui précede d'ordinaire les grandes passions.

Cela fit bientôt beaucoup de bruit à la Cour, la Reine Mere fut

ravie de trouver un prétexte si spe-
cieux de bienséance, & de dévotion, pour s'opposer à l'attachement
que le Roi avoit pour Madame;
elle n'eut pas de peine à faire entrer Monsieur dans ses sentimens;
il étoit jaloux par lui même, & il
le devenoit encore d'avantage par
l'humeur de Madame, qu'il ne trouvoit pas aussi éloignée de la galanterie qu'il l'auroit souhaité.

L'aigreur s'augmentoit tous les
jours entre la Reine Mere & elle;
le Roi donnoit toutes les esperances à Madame ; mais il se ménageoit
néanmoins avec la Reine Mere, ensorte que lorsqu'elle redisoit à Monsieur ce que le Roi lui avoit dit.
Monsieur trouvoit assés de ma-
tiére pour vouloir persuader à Madame, que le Roi n'avoit pas pour
elle autant de consideration qu'il
lui

lui en témoignoit, tout cela faisoit un cercle de redittes & de démêlés, qui ne donnoit pas un moment de repos ni aux uns, ni aux autres. Cependant le Roi & Madame, fans s'expliquer entr'eux de ce qu'ils fentoient l'un pour l'autre, continuerent de vivre d'une maniére qui ne laiſſoit douter à perſonne, qu'il n'y eût entr'eux plus que de l'amitié.

Le bruit s'en augmenta fort, & la Reine Mere & Monſieur en parlerent ſi fortement au Roi, & à Madame, qu'ils commencerent à ouvrir les yeux, & à faire peut-être des réflexions, qu'ils n'avoient point encore faites : enfin ils reſolurent de faire ceſſer ce grand bruit, & par quelque motif que ce pût-être, il convinrent entr'eux que le Roi feroit l'amoureux de quelque personne de la Cour. Ils jetterent les yeux sur celles qui paroissoient les plus propres à ce dessein, & choisirent entr'autres Mademoiselle de Pon (*a*) parente du Maréchal d'Albret, & qui pour être nouvellement venue de Province, n'avoit pas toute l'habileté imaginable : ils jetterent aussi les yeux sur Chimerault (*b*) une des filles de la Reine, fort coquette, & sur la Valiére, qui étoit une fille de Madame, fort jolie, fort douce, & fort naive; la fortune de cette fille étoit médiocre, sa Mere s'étoit remariée à St. Remi, premier Maitre d'Hôtel de Monsieur le Duc d'Orleans, ainsi elle avoit presque toûjours été à Orleans ou à Blois. Elle se trouvoit

(a) *Depuis Madame d'Hudicour.*
(b) *Depuis Madame de la Basiniére.*

voit très-heureuse d'être auprès de Madame; tout le monde la trouvoit Jolie, plusieurs jeunes gens avoient pensé à s'en faire aimer; le Comte de Guiches s'y étoit attaché plus que les autres, il y paroissoit encore tout occupé, lorsque le Roi la choisit pour une de celles dont il vouloit éblouir le Public. De concert avec Madame, il commença non seullement à faire l'amoureux d'une des trois qu'ils avoient choisies, mais de toutes les trois ensemble; il ne fut pas long-tems sans prendre parti, son Cœur se détermina en faveur de la Valiére; & quoiqu'il ne laissât pas de dire des douceurs aux autres, & d'avoir même un commerce, assés reglé avec Chimerault, la Valiére eut tous ses soins & toutes ses assiduités.

Le Comte de Guiches qui n'étoit pas aſſez amoureux pour s'opiniâtrer contre un rival ſi redoutable, l'abandonna, & ſe brouilla avec elle, en lui diſant des choſes aſſés deſagréables.

Madame vit avec quelque chagrin que le Roi s'attachoit véritablement à la Valiére; ce n'eſt peut-être pas qu'elle en eût, ce qu'on pouroit appeler de la jalouſie, mais elle eût été bien aiſe qu'il n'eût pas eu de véritable paſſion, & qu'il eût conſervé pour elle une ſorte d'attachement, qui ſans avoir la violence de l'amour, en eût eu la complaiſance & l'agrément.

Long-tems avant qu'elle fût mariée, on avoit prédit que le Comte de Guiches ſeroit amoureux d'elle, & ſitôt qu'il eut quitté la Valiére on commença à dire qu'il aimoit Madame, & peut-être même me qu'on le dît avant qu'il en eût la pensée, mais ce bruit ne fut pas desagréable à sa vanité. Et comme son inclination s'y trouva peut-être disposée, il ne prit pas de grands soins pour s'empêcher de devenir amoureux, ni pour empêcher qu'on ne le soupçonnât de l'être. L'on répétoit alors à Fontainebleau un Ballet, que le Roi & Madame dancerent, & qui fut le plus agreable qui ait jamais été, soit par le lieu où il se dançoit, qui étoit le bord de l'étang, ou par l'invention qu'on avoit trouvée, de faire venir du bout d'une Allée le Theâtre tout entier, chargé d'une infinité de personnes, qui s'approchoient insensiblement, & qui faisoient une Entrée, en dansant devant le Theâtre.

Pendant la répétition de ce Ballet,

let, le Comte de Guiches étoit très souvent avec Madame, parce qu'il dançoit dans la même Entrée ; il n'osoit encore lui rien dire de ses sentimens, mais par une certaine familiarité qu'il avoit aquise auprès d'elle, il prenoit la liberté de lui demander des nouvelles de son Cœur, & si rien ne l'avoit jamais touchée: elle lui répondoit avec beaucoup de bonté, & d'agrément, & il s'émancipoit quelques-fois à crier, en s'enfuiant d'auprès d'elle, qu'il étoit en grand peril.

Madame recevoit tout cela comme des choses galantes, sans y faire une plus grande attention : le Public y vit plus clair qu'elle même. Le Comte de Guiches laissoit voir, comme on a déja dit, ce qu'il avoit dans le Cœur, ensorte que le bruit s'en répandit aussi-tôt.

La

La grande amitié que Madame avoit pour la Duchesse de Valentinois, contribua beaucoup à faire croire qu'il y avoit de l'intelligence entr'eux, & l'on regardoit Monsieur, qui paroissoit amoureux de Madame de Valentinois, comme la duppe du Frere & de la Sœur. Il est vrai néanmoins qu'elle se mêla très-peu de cette galanterie; & quoique son Frere ne lui cachât point sa passion pour Madame, elle ne commença pas les liaisons qui ont paru depuis.

Cependant l'attachement du Roi pour la Valiére, augmentoit toûjours; il faisoit beaucoup de progrès auprès d'elle; ils gardoient beaucoup de mesures; il ne la voyoit pas chez Madame, & dans les promenades du jour; mais à la promenade du soir, il sortoit de la Caleche

che de Madame, & s'alloit mettre près de celle de la Valliére, dont la portiére étoit abbatue ; & comme c'etoit dans l'obscurité de la nuit, il lui parloit avec beaucoup de commodité.

La Reine Mere & Madame n'en furent pas moins mal ensemble. Lorsqu'on vit que le Roi n'en étoit point amoureux puis qu'il l'étoit de la Valiére & que Madame, ne s'opposoit pas aux soins que le Roi rendoit à cette fille, la Reine Mere en fut aigrie. Elle tourna l'esprit de Monsieur, qui s'en aigrit & qui prit au point d'honneur que le Roi, fût amoureux d'une fille de Madame. Madame de son côté manquoit en beaucoup de choses aux égards qu'elle devoit à la Reine Mere, & même à ceux qu'elle devoit à Monsieur,

sieur, ensorte que l'aigreur étoit grande de toutes parts.

Dans ce même tems le bruit fut grand de la passion du Comte de Guiches; Monsieur en fut bientôt instruit, & lui fit très mauvaise mine. Le Comte de Guiches, soit par son naturel fier, soit par chagrin, de voir Monsieur instruit d'une chose, qui lui étoit commode qu'il ignorât, eut avec Monsieur un éclaircissement fort audacieux, & rompit avec lui, comme s'il eût été son égal; cela éclata publiquement, & le Comte de Guiches se retira de la Cour.

Le jour que ce bruit arriva Madame gardoit la chambre, & ne voyoit personne; elle ordonna qu'on laissât seulement entrer ceux qui répetoient avec elle, dont le Comte de Guiches étoit du nombre, ne

sça-

sçachant point ce qui venoit de se passer. Comme le Roi vint chés elle, elle lui dit les ordres qu'elle avoit donnés ; Le Roi lui répondit en souriant qu'elle ne connoissoit pas mal, ceux qui devoient être exemtés, & lui conta ensuite ce qui venoit de se passer, entre Monsieur & le Comte de Guiches ; la chose fut sçûe de tout le monde, & le Maréchal de Grammont, Pere du Comte de Guiches, renvoya son fils à Paris, & lui défendit de revenir à Fontainebleau.

Pendant ce tems là les affaires du Ministére n'étoient pas plus tranquilles que celles de l'amour; & quoique Monsieur Fouquet, depuis la mort du Cardinal, eût demandé pardon au Roi de toutes les choses passées, quoique le Roi le lui eût accordé, & qu'il parût
l'em-

l'emporter fur les autres Miniftres néanmoins on travailloit fortement à fa perte, & elle étoit réfolue.

Madame de Chevreufe, qui avoit toûjours confervé quelque chofe de ce grand crédit qu'elle avoit eu fur la Reine Mere, entreprit de la porter à perdre Monfieur Fouquet.

Monfieur de Laigue, marié en fecret, à ce que l'on a cru, avec Madame de Chevreufe, étoit malcontent de ce Sur-intendant ; il gouvernoit Madame de Chevreufe; Monfieur le Tellier, & Monfieur Colbert, fe joignirent à eux ; la Reine Mere, fit un voyage à Dampierre : & là la perte de Monfieur Fouquet fut conclue, & on y fit enfuite confentir le Roi. On réfolut d'arrêter ce Sur-intendant, mais les Ministres craignant, quoique sans sujet, le nombre d'amis qu'il avoit dans le Royaume, porterent le Roi à aller à Nantes, afin d'être près de Bell'Isle, que Monsieur Fouquet venoit d'acheter, & de s'en rendre maître.

Ce voyage fut long-tems résolu sans qu'on en fit la proposition ; mais enfin, sur des pretextes qu'ils trouverent, on commença à en parler. Monsieur Fouquet, bien éloigné de penser que sa perte fût l'objet de ce voyage, se croyoit tout à fait assûré de sa fortune ; & le Roi, de concert avec les autres Ministres, pour lui ôter toute sorte de défiance, le traitoit avec de si grandes distinctions, que personne ne doutoit qu'il ne gouvernât.

Il y avoit long-tems que le Roi avoit dit qu'il vouloit aller à Vaux, mai-

maison superbe de ce Sur-Intendant, & quoique la prudence dût l'empêcher de faire voir au Roi une chose qui marquoit si fort le mauvais usage des Finances, & qu'aussi la bonté du Roi dût le retenir d'aller chés un homme qu'il alloit perdre, néanmoins ni l'un ni l'autre n'y firent aucune réflexion.

Toute la Cour alla à Vaux, & Monsieur Fouquet joignit à la magnificence de sa maison, toute celle qui peut être imaginée pour la beauté des divertissemens, & la grandeur de la réception. Le Roi en arrivant en fut étonné, & Monsieur Fouquet le fut, de remarquer que le Roi l'étoit; néanmoins ils se remirent l'un & l'autre. La Fête fut la plus complette qui ait jamais été. Le Roi étoit alors dans la premiére ardeur de la possession de la Valiére; l'on a cru que ce fut là qu'il la vit pour la premiére fois en particulier, mais il y avoit déja quelque tems qu'il la voyoit dans la chambre du Comte de Saint Aignan, (*a*) qui étoit le confident de cette intrigue.

Peu de jours après la fête de Vaux on partit pour Nantes, & ce voyage, auquel on ne voyoit aucune nécessité, paroissoit la fantaisie d'un jeune Roi.

Monsieur Fouquet, quoiqu'avec la fiévre quarte, suivit la Cour, & fut arrêté à Nantes; ce changement surprit le monde, comme on peut se l'imaginer, & étourdit tellement les parens & les amis de Monsieur Fouquet, qu'ils ne songerent pas à mettre à couvert ses papiers, quoiqu'ils en eussent eu le loisir.

(a) *Depuis Duc de Saint Aignan.*

loisir. On le prit dans sa maison sans aucune formalité, on l'envoya à Angers, & le Roi revint à Fontainebleau.

Tous les amis de Monsieur Fouquet, furent chassés & éloignés des affaires. Le Conseil des trois autres Ministres (a) se forma entiérement. Monsieur Colbert eut les Finances, quoique l'on en donnât quelque apparence au Maréchal de Villeroi; & Monsieur Colbert commença à prendre auprès du Roi, ce credit qui le rendit depuis le premier homme de l'Etat.

L'on trouva dans les Cassettes de Monsieur Fouquet, plus de Lettres de galanterie que de papiers d'importance; & comme il s'y en rencontra de quelques femmes, qu'on n'avoit jamais soupçonnées d'avoir

(a) *De Lionne, le Tellier, Colbert.*

de commerce avec lui, ce fondement donna lieu de dire qu'il y en avoit de toutes les plus honnêtes femmes de France ; la seule qui fut convaincue, ce fut Mesneville, une des filles de la Reine, & une des plus belles personnes, que le Duc d'Anville (*a*) avoit voulu épouser, elle fut chassée, & se retira dans un Couvent.

(a) *Ci-devant Comte de Brionne.*

Fin de la Seconde Partie.

TROISIEME PARTIE.

LE Comte de Guiches n'avoit point suivi le Roi au voyage de Nantes ; avant qu'on partît pour y aller, Madame avoit appris de certains discours qu'il avoit tenus à Paris, & qui sembloient vouloir persuader au public, que l'on ne se trompoit pas de le croire amoureux d'elle. Cela lui avoit déplu, d'autant plus que Madame de Valentinois, qu'il avoit priée de parler à Madame en sa faveur, bien loin de le faire, lui avoit toûjours dit que son Frere ne pensoit pas à lever les yeux jusqu'à elle, & qu'elle la prioit de ne point ajouter foi à tout ce que des gens, qui voudroient s'entremettre, pouroient lui dire de sa part : ainsi Madame ne trouva qu'une vanité offençante pour elle, dans les discours du Comte de Guiches : quoiqu'elle fût fort jeune, & que son peu d'experience augmentât les deffauts qui suivent la jeunesse, elle resolut de prier le Roi d'ordonner au Comte de Guiches de ne le point suivre à Nantes ; mais la Reine Mere avoit déja prévenue cette priére, ainsi la sienne ne parut pas.

Madame de Valentinois partit, pendant le voyage de Nantes, pour aller à Monaco, Monsieur étoit toûjours amoureux d'elle, c'est-à-dire autant qu'il pouvoit l'être ; elle étoit adorée dès son enfance par (*a*) Pequilin Cadet de la maison de Lausun ; la parenté qui étoit entr'eux lui avoit donné une

(a) *Depuis Duc de Lausun.*

une familiarité entiére dans l'hôtel de Grammont, de sorte que s'étant trouvés tous deux très propres à avoir de violentes paffions, rien n'étoit comparable à celle qu'ils avoient eu l'un pour l'autre. Elle avoit été mariée depuis un an, contre son gré, au Prince de Monaco : mais comme son Mari n'étoit pas affés aimable, pour lui faire rompre avec son Amant, elle l'aimoit toûjours paffionnement; ainfi elle le quittoit avec une douleur fenfible, & lui pour la voir encore, la fuivoit déguifé, tantôt en marchand, tantôt en poftillon, enfin de toutes les maniéres qui le pouvoient rendre méconnoiffable à ceux qui étoient à elle. En partant elle voulut engager Monfieur à ne point croire tout ce qu'on lui diroit de fon Frere, au fujet de Madame,

dame, & elle voulut qu'il lui promît qu'il ne le chasseroit point de la Cour. Monsieur qui avoit déja de la jalousie du Comte de Guiches, & qui ressentoit l'aigreur qu'on a pour ceux qu'on a fort aimés, & dont l'on croit avoir sujet de se plaindre, ne parut pas disposé à accorder ce qu'elle lui demanda; elle s'en fâcha, & ils se separerent mal.

La Comtesse de Soissons, que le Roi avoit aimée, & qui aimoit alors le Marquis de Vardes, ne laissoit pas d'avoir beaucoup de chagrin: le grand attachement que le Roi prenoit pour la Valiére en étoit cause, & d'autant plus que cette jeune personne, se gouvernant entiérement par les sentimens du Roi, ne rendoit compte ni à Madame ni à la Comtesse de Soissons

sons, des choses qui se passoient entre le Roi & elle ; ainsi la Comtesse de Soissons, qui avoit toûjours vu le Roi chercher les plaisirs chés elle, voyoit bien que cette Galanterie l'en alloit éloigner. Cela ne la rendit pas favorable à la Valiére : elle s'en apperçut, & la jalousie qu'on a d'ordinaire de celles qui ont été aimées de ceux qui nous aiment, se joignant au ressentiment des mauvais offices qu'elle lui rendoit, lui donna une haine fort vive pour la Comtesse de Soissons.

Quoique le Roi desirât que la Valiére n'eût pas de confidente, il étoit impossible qu'une jeune personne, d'une capacité médiocre pût contenir en elle même une aussi grande affaire, que celle d'être aimée du Roi. Madame avoit une Fille appellée Montalais.

PORTRAIT DE MONTALAIS.

C'étoit une personne qui avoit naturellement beaucoup d'esprit, mais un esprit d'intrigue & d'insinuation. Et il s'en falloit beaucoup que le bon sens & la raison reglassent sa conduite. Elle n'avoit jamais vu de Cour, que celle de Madame Doüairiére (*a*) à Blois, dont elle avoit été Fille d'honneur; ce peu d'experience du monde, & beaucoup de Galanterie, la rendoit toute propre à devenir confidente. Elle l'avoit déja été de la Valiére, pendant qu'elle étoit à Blois, où un nommé Bragelone en avoit été amoureux; il y avoit eu quelques Lettres, Madame de Saint Remi s'en étoit apperçûe : enfin ce n'étoit pas une chose

―――――――――――
(*a*) *Madame de Loraine.*

chose qui eût été loin, cependant le Roi en prit de grandes jalousies.

La Valiére trouvant donc dans la même chambre où elle étoit une fille à qui elle s'étoit déja fiée, s'y fia encore entiérement ; & comme Montalais avoit beaucoup plus d'esprit qu'elle, elle y trouva un grand plaisir, & un grand soulagement. Montalais ne se contenta pas de cette confidence de la Valiére, elle voulut encore avoir celle de Madame. Il lui parut que cette Princesse n'avoit pas d'aversion pour le Comte de Guiches ; & lorsque le Comte de Guiches revint à Fontainebleau, après le voyage de Nantes, elle lui parla, & le tourna de tant de côtés, qu'elle lui fit avouer qu'il étoit amoureux de Madame. Elle lui promit

mit de le servir, & ne le fit que trop bien.

La Reine acoucha de Monseigneur le Daufin, le jour de la Toussaint 1661. Madame avoit passé tout le jour auprès d'elle, & comme elle étoit grosse & fatiguée, elle se retira dans sa chambre, où personne ne la suivit, parceque tout le monde étoit encore chés la Reine. Montalais se mit à genoux devant Madame, & commença à lui parler de la passion du Comte de Guiches. Ces sortes de discours naturellement ne déplaisent pas assés aux jeunes personnes, pour leur donner la force de les repousser; & de plus Madame avoit une timidité à parler, qui fit que moitié embaras, moitié condescendance, elle laissa prendre des esperances à Montalais. Dès le lendemain elle appor-

apporta à Madame une lettre du Comte de Guiches; Madame ne voulut point la lire, Montalais l'ouvrit & la lut, quelques jours après Madame se trouva mal, elle revint à Paris en litiére, & comme elle y montoit, Montalais lui jetta un volume de lettres du Comte de Guiches; Madame les lut pendant le chemin, & avoüa après à Montalais qu'elle les avoit lûes: enfin la jeunesse de Madame, l'agrément du Comte de Guiches, mais sur tout les soins de Montalais engagerent cette Princesse dans une Galanterie, qui ne lui a donné que des chagrins considerables. Monsieur avoit toûjours de la jalousie du Comte de Guiches, qui néanmoins ne laissoit pas d'aller aux Tuilleries, où Madame logeoit encore. Elle étoit considerablement malade,

F ij

Il lui écrivoit trois ou quatre fois par jour; Madame ne lisoit pas ses lettres la plupart du tems, & les laissoit toutes à Montalais, sans lui demander même ce qu'elle en faisoit; Montalais n'osoit les garder dans sa chambre, elle les remettoit entre les mains d'un amant qu'elle avoit alors, nommé Malicorne. Le Roi étoit venu à Paris peu de tems après Madame, il voyoit toûjours la Valiére chès elle, il y venoit le soir, & l'alloit entretenir dans un cabinet. Toutes les portes à la vérité étoient ouvertes, mais on étoit plus éloigné d'y entrer que si elles avoient été fermées avec de l'airain.

Il se lâssa néanmoins de cette contrainte; & quoique la Reine sa Mere, pour qui il avoit encore de la crainte, le tourmentât incessamment

ment sur la Valiére, elle feignit d'être malade, & il l'alla voir dans sa chambre.

La jeune Reine ne sçavoit point de qui le Roi étoit amoureux; elle devinoit pourtant bien qu'il l'étoit; & ne sçachant où placer sa jalousie, elle la mettoit sur Madame.

Le Roi se douta de la confiance que la Valiére prenoit en Montalais: l'esprit d'intrigue de cette fille lui déplaisoit; il défendit à la Valiére de lui parler. Elle lui obéissoit en public, mais Montalais passoit les nuits entiéres avec elle, & bien souvent le jour s'y trouvoit encore.

Madame qui étoit malade, & qui ne dormoit point, l'envoyoit quelquefois querir, sous prétexte de lui venir lire quelque Livre. Lorsqu'elle quittoit Madame, c'étoit pour aller écrire au Comte de Guiches, à quoi elle ne manquoit pas trois fois par jour, & de plus à Malicorne, à qui elle rendoit compte de l'affaire de Madame, & de celle de la Valière : elle avoit encore la confidence de Mademoiselle de Tonnay Charente (a) qui aimoit le Marquis de Marmoutiers, & qui souhaitoit fort de l'épouser. Une seule de ces confidences eût pu occuper une personne entiére, & Montalais seule suffisoit à toutes.

Le Comte de Guiches & elle se mirent dans l'esprit qu'il falloit qu'il vît Madame en particulier. Madame qui avoit de la timidité, pour parler serieusement, n'en avoit point pour ces sortes de choses. Elle n'en voyoit point les conséquences, elle y trouvoit de la plai-

(a) Depuis Madame de Montespan.

plaisantèrie de Roman. Montalais lui trouvoit des facilités qui ne pouvoient être imaginées par une autre. Le Comte de Guiches, qui étoit jeune & hardi, ne trouvoit rien de plus beau que de tout hazarder; & Madame, & lui sans avoir de véritable passion l'un pour l'autre, s'exposerent au plus grand danger où l'on se soit jamais exposé. Madame étoit malade, & environnée de toutes ces femmes qui ont accoutumé d'être auprès d'une personne de son rang, sans se fier à pas une. Elle faisoit entrer le Comte de Guiches, quelque fois en plein-jour, déguisé en femme qui dit la bonne avanture; & il la disoit même aux femmes de Madame, qui le voyoient tous les jours, & qui ne le connoissoient pas; d'autres-fois par d'autres inventions,

mais

mais toûjours avec beaucoup de hazards; & ces entreveües si périlleuses se passoient à se moquer de Monsieur & à d'autres plaisanteries semblables, enfin à des choses fort éloignées de la violente passion qui sembloit les faire entreprendre. Dans ce tems-là on dît un jour dans un lieu, où étoit le Comte de Guiches avec Vardes, que Madame étoit plus mal qu'on ne pensoit, & que les Médecins croyoient qu'elle ne guériroit pas de sa maladie. Le Comte de Guiches en parut fort troublé; Vardes l'emmena, & lui ayda à cacher son trouble. Le Comte de Guiches lui avoüa l'état où il étoit avec Madame, & l'engagea dans sa confidence; Madame desaprouva fort ce qu'avoit fait le Comte de Guiches, elle voulut l'obliger à rompre avec Vardes, il

lui

lui dit qu'il se battroit avec lui pour la satisfaire ; mais qu'il ne pouvoit rompre avec son ami.

Montalais qui vouloit donner un air d'importance à cette galanterie, & qui croyoit qu'en mettant bien des gens dans cette confidence, elle composeroit une intrigue qui gouverneroit l'Etat, voulut engager la Valiére dans les intérêts de Madame : elle lui conta tout ce qui se passoit au sujet du Comte de Guiches, & lui fit promettre qu'elle n'en diroit rien au Roi. En effet la Valiére, qui avoit mille fois promis au Roi de ne lui jamais rien cacher, garda à Montalais la fidélité qu'elle lui avoit promise.

Madame ne sçavoit point que la Valiére sçût ses affaires ; mais elle sçavoit celles de la Valiére par Montalais. Le Public entrevoyoit quel-

quelque chose de la galanterie de Madame & du Comte de Guiches. Le Roi en faisoit de petites questions à Madame ; mais il étoit bien éloigné d'en sçavoir le fond. Je ne sçai si ce fut sur ce sujet, ou sur quelqu'autre, qu'il tint de certains discours à la Valiére, qui lui firent juger que le Roi sçavoit qu'elle lui faisoit finesse de quelque chose ; elle se troubla, & lui fit connoître qu'elle lui cachoit des choses considerables. Le Roi se mit dans une colére épouvantable, elle ne lui avoüa point ce que c'étoit, le Roi se retira au desespoir contre elle. Ils étoient convenus plusieurs fois, que quelques brouilleries qu'ils eussent ensemble, ils ne s'endormiroient jamais sans se racommoder & sans s'écrire. La nuit se passa sans qu'elle eût de nouvelles du Roi, & se croyant

croyant perduë, la tête lui tourna; elle sortit le matin des Tuilleries, & s'en alla, comme une insensée, dans un petit Couvent obscur, qui étoit à Chaillot.

Le matin on alla avertir le Roi qu'on ne sçavoit pas où étoit la Valiére. Le Roi qui l'aimoit passionnément fut extremement troublé; il vint aux Tuilleries, pour sçavoir de Madame où elle étoit ; Madame n'en sçavoit rien , & ne sçavoit pas même le sujet qui l'avoit fait partir.

Montalais étoit hors d'elle même de ce qu'elle lui avoit seulement dit qu'elle étoit desesperée, parce qu'elle étoit perduë à cause d'elle.

Le Roi fit si bien qu'il sçut où étoit la Valiére, il y alla à toute bride lui quatriéme. Il la trouva dans le parloir du dehors de ce Couvent; on ne l'avoit pas voulu recevoir au dedans : elle étoit couchée à terre, éplorée & hors d'elle même.

Le Roi demeura seul avec elle: & dans une longue conversation elle lui avoüa tout ce qu'elle lui avoit caché, cet aveu n'obtint pas son pardon. Le Roi lui dit seulement tout ce qu'il falloit dire pour l'obliger à revenir, & envoya chercher un carosse pour la ramener.

Cependant il vint à Paris pour obliger Monsieur à la recevoir ; il avoit déclaré tout haut qu'il étoit bien aise qu'elle fût hors de chez lui, & qu'il ne la reprendroit point. Le Roi entra par un petit degré aux Tuilleries & alla dans un petit cabinet, où il fit venir Madame, ne voulant pas se laisser voir

voir, parce qu'il avoit pleuré. Là il pria Madame de reprendre la Valiére, & lui dit tout ce qu'il venoit d'apprendre d'elle & de ses affaires. Madame en fut étonnée, comme on se le peut imaginer, mais elle ne put rien nier, elle promit au Roi de rompre avec le Comte de Guiches, & consentit à recevoir la Valiére.

Le Roi eut assés de peine à l'obtenir de Madame, mais il la pria tant les larmes aux yeux, qu'enfin il en vint à bout; la Valiére revint dans sa chambre, mais elle fut long tems à revenir dans l'esprit du Roi; il ne pouvoit se consoler qu'elle eût été capable de lui cacher quelque chose, & elle ne pouvoit suporter d'être moins bien avec lui; ensorte qu'elle eut pendant

dant quelque tems l'esprit comme égaré.

Enfin le Roi lui pardonna, & Montalais fit si bien, qu'elle entra dans la confidence du Roi; il la questionna plusieurs fois sur l'affaire de Bragelone dont il sçavoit qu'elle avoit connoissance; & comme Montalais sçavoit mieux mentir que la Valiére, il avoit l'esprit en repos lorsqu'elle lui avoit parlé. Il avoit néanmoins l'esprit extrèmement blessé sur la crainte qu'il n'eût pas été le premier que la Valiére eût aimé; il craignoit même qu'elle n'aimât encore Bragelone.

Enfin il avoit toutes les inquiétudes & les délicatesses d'un homme bien amoureux; & il est certain qu'il l'étoit fort, quoique la régle qu'il a naturellement dans l'esprit, & la crainte qu'il avoit encore côté de la Reine sa Mere, l'empêchaient de faire de certaines choses emportées, que d'autres seroient capables de faire. Il est vrai aussi que le peu d'esprit de la Valiére empêchoit cette Maitresse du Roi, de se servir des avantages & du crédit, dont une si grande passion auroit fait profiter une autre; elle ne songeoit qu'à être aimée du Roi & à l'aimer; elle avoit beaucoup de jalousie de la Comtesse de Soissons, chez qui le Roi alloit tous les jours, quoi qu'elle fît tous ses efforts pour l'en empêcher.

La Comtesse de Soissons ne doutoit pas de la haine que la Valiére avoit pour elle; & ennuyée de voir le Roi entre ses mains, le Marquis de Vardes & elle resolurent de faire sçavoir à la Reine que le Roi en étoit amoureux; ils crurent que la Reine sçachant cet amour, & apuiée par la Reine Mere, obligeroit Monsieur & Madame à chasser la Valiére des Tuilleries, & que le Roi ne sçachant où la mettre, la mettroit chez la Comtesse de Soissons, qui par là s'en trouveroit la Maitresse : & ils esperoient encore que le chagrin que témoigneroit la Reine, obligeroit le Roi à rompre avec la Valiére, & que lors qu'il l'auroit quittée, il s'attacheroit à quelqu'autre, dont ils seroient peut être les Maîtres. Enfin ces chiméres, ou d'autres pareilles, leur firent prendre la plus folle résolution, & la plus hazardeuse qui ait jamais été prise. Ils écrivirent une lettre à la Reine, où ils l'instruisoient de tout ce qui se passoit. La Comtesse de Soissons ramassa dans la chambre de la Reine un dessus

de

de lettre du Roi son Pere : Vardes confia ce secret au Comte de Guiches, afin que comme il sçavoit l'Espagnol ; il mit la lettre en cette langue, le Comte de Guiches par complaisance pour son ami, & par haine pour la Valiére entra fortement dans ce beau dessein.

Ils mirent la lettre en Espagnol, ils la firent écrire par un homme qui s'en alloit en Flandre, & qui ne devoit point revenir ; ce même homme l'alla porter au Louvre, à un Huissier, pour la donner à la Signora Moliniére premiére Femme de chambre de la Reine, comme une lettre d'Espagne ; la Moliniére trouva quelque chose d'extraordinaire à la maniére dont cette lettre lui étoit venue ; elle trouva de la différence dans la façon dont elle étoit pliée : enfin par
ins-

instinct plutôt que par raison, elle ouvrit cette lettre, & après l'avoir lûe, elle l'alla porter au Roi.

Quoique le Comte de Guiches eût promis à Vardes de ne rien dire à Madame de cette lettre, il ne laissa pas de lui en parler ; & Madame malgré sa promesse, ne laissa pas de le dire à Montalais, mais ce ne fut de longtems. Le Roi fut dans une colére qui ne se peut representer, il parla à tous ceux qu'il crut pouvoir lui donner quelque connoissance de cette affaire, & même il s'adressa à Vardes, comme à un homme d'esprit, & à qui il se fioit. Vardes fut assés embarassé de la commission que le Roi lui donnoit ; cependant il trouva le moyen de faire tomber le soupçon sur Madame de Navailles (*a*) & le Roi

(*a*) *Dame d'honneur de la jeune Reine.*

Roi le crut si bien, que cela eut grande part aux disgraces qui lui arriverent depuis.

Cependant Madame vouloit tenir la parolle qu'elle avoit donnée au Roi, de rompre avec le Comte de Guiches ; & Montalais s'étoit aussi engagée auprès du Roi de ne se plus mêler de ce commerce. Néanmoins avant que de commencer cette rupture, elle avoit donné au Comte de Guiches les moyens de voir Madame, pour trouver ensemble, disoit elle, ceux de ne se plus voir. Ce n'est guére en presence que les gens qui s'aiment trouvent ces sortes d'expediens ; aussi cette conversation ne fit pas un grand effet, quoiqu'elle suspendit pour quelque tems le commerce de lettres. Montalais promit

mit encore au Roi, de ne plus servir le Comte de Guiches, pourvu qu'il ne le chassât point de la Cour, & Madame demanda au Roi la même chose.

Vardes, qui étoit pour lors absolument dans la confidence de Madame, qui la voyoit fort aimable & pleine d'esprit, soit par un sentiment d'amour, soit par un sentiment d'ambition & d'intrigue, voulut être seul maître de son esprit, & resolut de faire éloigner le Comte de Guiches; il sçavoit ce que Madame avoit promis au Roi, mais il voyoit que toutes les promesses seroient mal observées.

Il alla trouver le Maréchal de Grammont, il lui dit une partie des choses qui se passoient, il lui fit voir le péril où s'exposoit son fils

fils, & lui conseilla de l'éloigner, & de demander au Roi, qu'il allât commander les troupes, qui étoient alors à Nancy.

Le Maréchal de Grammont, qui aimoit son fils passionnément, suivit les sentimens de Vardes, & demanda ce Commandement au Roi. Et comme c'étoit une chose avantageuse pour son fils, le Roi ne douta point, que le Comte de Guiches ne la souhaitât, & la lui accorda.

Madame ne sçavoit rien de ce qui se passoit; Vardes ne lui avoit rien dit de ce qu'il avoit fait, non plus qu'au Comte de Guiches, & on ne l'a sçu que depuis. Madame étoit allée loger au Palais Royal, où elle avoit fait ses couches; tout le monde la voyoit, & des femmes de la Ville, peu instruites de l'intérêt qu'elle prenoit au Comte de Guiches, dirent dans la Ville, comme une chose indifférente, qu'il avoit demandé le Commandement des troupes de Loraine & qu'il partoit dans peu de jours.

Madame fut extrémement surprise de cette nouvelle ; le soir le Roi la vint voir. Elle lui en parla, & il lui dit qu'il étoit véritable que le Maréchal de Grammont lui avoit demandé ce Commandement, comme une chose que son fils souhaitoit fort, & que le Comte de Guiches l'en avoit remercié.

Madame se trouva fort offencée que le Comte de Guiches eût prit sans sa participation le dessein de s'éloigner d'elle ; elle le dit à Montalais, & lui ordonna de le voir. Elle le vit, & le Comte de Guiches,

de

desesperé de s'en aller, & de voir Madame mal satisfaite de lui, lui écrivit une lettre, par laquelle il lui offrit de soutenir au Roi, qu'il n'avoit point demandé l'emploi de Loraine, & en même tems de le refuser.

Madame ne fut pas d'abord satisfaite de cette lettre. Le Comte de Guiches, qui étoit fort emporté, dit qu'il ne partiroit point, & qu'il alloit remettre le Commandement au Roi. Vardes eut peur qu'il ne fût assés fou pour le faire; il ne vouloit pas le perdre, quoiqu'il voulût l'éloigner : il le laissa en garde à la Comtesse de Soissons, qui entra dès ce jour dans cette confidence, & vint trouver Madame pour qu'elle écrivit au Comte de Guiches, qu'elle vouloit qu'il partît. Elle fut touchée de de tous les sentimens

timens du Comte de Guiches, où il y avoit en effet de la hauteur, & de l'amour ; elle fit ce que Vardes vouloit, & le Comte de Guiches resolut de partir à condition qu'il verroit Madame.

Montalais qui se croyoit quitte de sa parolle envers le Roi, puis qu'il chassoit le Comte de Guiches, se chargea de cette entrevue ; & Monsieur devant venir au Louvre, elle fit entrer le Comte de Guiches sur le Midi, par un escalier dérobé, & l'enferma dans un Oratoire. Lorsque Madame eut dîné elle fit semblant de vouloir dormir, & passa dans une Gallerie, où le Comte de Guiches lui dit adieu : comme ils y étoient ensemble, Monsieur revint ; tout ce qu'on put faire, fut de cacher le Comte de Guiches dans une cheminée,

où

où il demeura long tems sans pouvoir sortir : Enfin Montalais l'en tira, & crut avoir sauvé tous les périls de cette entrevue ; mais elle se trompoit infiniment.

Une de ses compagnes, nommée Artigny (*a*) dont la vie n'avoit pas été bien exemplaire, la haïssoit fort. Cette Fille avoit été mise dans la Chambre, par Madame de la Baziniére, autre fois Chemerault, à qui le tems n'avoit pas ôté l'esprit d'intrigue, & elle avoit grand pouvoir sur l'esprit de Monsieur. Cette Fille, qui épioit Montalais, & qui étoit jalouse de la faveur dont elle jouissoit auprès de Madame, soupçonna qu'elle menoit quelque intrigue. Elle le découvrit à Madame de la Baziniére, qui la fortifia dans le dessein, & dans le moyen de

___
(*a*) *Depuis la Comtesse du Roule.*

de la découvrir. Elle lui joignit, pour espion, une appellée Merlot, & l'une & l'autre firent si bien, qu'ils virent entrer le Comte de Guiches dans l'apartement de Madame.

Madame de la Baziniére en avertit la Reine Mere par Artigny, & la Reine Mere, par une conduite qui ne se peut pardonner à une personne de sa vertu & de sa bonté voulut que Madame de la Baziniére en avertît Monsieur. Ainsi l'on dit à ce Prince ce que l'on auroit caché à tout autre Mari.

Il résolut, avec la Reine sa Mere, de chasser Montalais, sans en avertir Madame, ni même le Roi, de peur qu'il ne s'y opposât, parce qu'elle étoit alors fort bien avec lui; sans considerer que ce bruit alloit faire découvrir ce que

peu

peu de gens sçavoient ; ils résolurent seulement de chasser encore une autre Fille de Madame, dont la conduite personnelle n'étoit pas trop bonne.

Ainsi un matin la Maréchale du Plessis, par ordre de Monsieur, vint dire à ces deux filles, que Monsieur leur ordonnoit de se retirer, & à l'heure même on les fit mettre dans un carosse. Montalais dit à la Maréchale du Plessis qu'elle la conjuroit de lui faire rendre ses Cassettes, parceque si Monsieur les voyoit, Madame étoit perdue. La Maréchale en alla demander la permission à Monsieur, sans néanmoins lui en dire la cause. Monsieur, par une bonté incroyable en un homme jaloux, laissa emporter les Cassettes, & la Maréchale du Plessis ne songea point à s'en rendre Maîtresse pour les rendre à Madame. Ainsi elles furent remises entre les mains de Montalais, qui se retira chez sa Sœur. Quand Madame s'éveilla, Monsieur entra dans sa chambre, & lui dit qu'il avoit fait chasser ses deux Filles : elle en demeura fort étonnée, & il se retira sans lui en dire davantage : un moment après le Roi lui envoya dire qu'il n'avoit rien sçu de ce qu'on avoit fait & qu'il la viendroit voir le plutôt qu'il lui seroit possible.

Monsieur alla faire ses plaintes, & conter ses douleurs à la Reine d'Angleterre, qui logeoit alors au Palais Royal; elle vint trouver Madame, & la gronda un peu, & lui dit tout ce que Monsieur sçavoit de certitude, afin qu'elle lui avouât la même chose, & qu'elle ne lui en dît pas d'avantage.

Mon-

Monsieur & Madame eurent un grand éclaircissement ensemble ; Madame lui avoüa qu'elle avoit vû le Comte de Guiches, mais que c'étoit la premiére fois, & qu'il ne lui avoit écrit que trois ou quatre fois.

Monsieur trouva un si grand air d'autorité à se faire avoüer par Madame les choses qu'il sçavoit déja, qu'il lui en adoucit toute l'amertume ; il l'embrassa & ne conserva que de legers chagrins. Ils auroient sans doute été plus violens à tout autre qu'à lui ; mais il ne pensa point à se venger du Comte de Guiches ; & quoique l'éclat que cette affaire fit dans le monde, semblât par honneur l'y devoir obliger, il n'en témoigna aucun ressentiment, il tourna tous ses soins à empêcher
que

que Madame n'eût de commerce avec Montalais, & comme elle en avoit un très-grand avec la Valiére, il obtint du Roi que la Valiére n'en auroit plus. En effet elle en eut très peu, & Montalais se mit dans un Couvent.

Madame promit, comme on le peut juger, de rompre toutes sortes de liaisons avec le Comte de Guiches, & le promit même au Roi; mais elle ne lui tint pas parolle. Vardes demeura le confident, au hazard même d'être brouillé avec le Roi; mais comme il avoit fait confidence au Comte de Guiches de l'affaire d'Espagne, cela faisoit une telle liaison entre eux, qu'ils ne pouvoient rompre sans folie; il sçut alors que Montalais étoit instruite de la lettre d'Espagne, & cela lui donnoit des égards

égards pour elle, dont le Public ne pouvoit deviner la cause ; outre qu'il étoit bien aise de se faire un mérite auprès de Madame, de gouverner une personne qui avoit tant de part à ses affaires.

Montalais ne laissoit pas d'avoir quelque commerce avec la Valiére, & de concert avec Vardes, elle lui écrivit deux grandes lettres, par lesquelles elle lui donnoit des avis pour sa conduite, & lui disoit tout ce qu'elle devoit dire au Roi. Le Roi en fut dans une colére étrange, & envoya prendre Montalais par un Exempt, avec ordre de la conduire à Frontevaux, & de ne la laisser parler à personne. Elle fut si heureuse qu'elle sauva encore ses Cassettes, & les laissa entre les mains de Malicorne, qui étoit toûjours son amant.

La

La Cour fut à Saint Germain. Vardes avoit un grand commerce avec Madame; car celui qu'il avoit avec la Comtesse de Soissons, qui n'avoit aucune beauté, ne le pouvoit détacher des charmes de Madame. Si tôt qu'on fut à Saint Germain, la Comtesse de Soissons, qui n'aspiroit qu'à ôter à la Valiére la place qu'elle occupoit, songea à engager le Roi avec la Mothe Houdancour, Fille de la Reine. Elle avoit déja eu cette pensée avant que l'on partît de Paris, & peut être même que l'esperance que le Roi viendroit à elle, s'il quittoit la Valiére, étoit une des raisons qui l'avoit engagée à écrire la lettre d'Espagne. Elle persuada au Roi que cette Fille avoit pour lui une passion extraordinaire; & le Roi, quoiqu'il aimât avec passion la Valiére

liére, ne laiſſa pas d'entrer en commerce avec la Mothe ; mais il engagea la Comteſſe de Soiſſons à n'en rien dire à Vardes ; & en cette occaſion la Comteſſe de Soiſſons préfera le Roi à ſon amant, & lui tut ce commerce.

Le Chevalier de Grammont (*a*) étoit amoureux de la Mothe. Il démêla quelque choſe de ce qui s'étoit paſſé, & épia le Roi avec tant de ſoin, qu'il découvrit que le Roi alloit dans la chambre des Filles.

Madame de Navailles, qui étoit alors Dame d'honneur, découvrit auſſi ce commerce. Elle fit murer des portes, & griller des fenêtres, la choſe fut ſçue ; le Roi chaſſa le Chevalier de Grammond, qui fut plu-

(a) *Depuis Comte de Grammont.*

plusieurs années sans avoir permission de revenir en France.

Vardes aperçut, par l'éclat de cette affaire, la finesse qui lui avoit été faite par la Comtesse de Soissons, & en fut dans un desespoir si violent, que tous ses amis, qui l'avoient cru jusqu'alors incapable de passion, ne douterent pas qu'il n'en eût une très vive pour elle: Ils penserent rompre ensemble ; mais le Comte de Soissons (*a*) qui ne soupçonnoit rien audelà de l'amitié entre Vardes & sa femme, prit le soin de les racommoder. La Valiére eut des jalousies & des desespoirs inconcevables ; mais le Roi qui étoit animé par la resistance de la Mothe, ne laissoit pas de la voir toûjours. La Reine Mere le détrompa de l'opinion qu'il avoit de la passion

(a) *De la Maison de Savoye.*

sion prétendue de cette fille, elle sçut par quelqu'un cette intelligence, & que c'étoit le Marquis d'Alluge, & Fouilloux, amis intimes de la Comtesse de Soissons, qui faisoient les lettres que la Mothe écrivoit au Roi ; & elle sçut à point nommé qu'elle lui en devoit écrire une, qui avoit été concertée entr'eux, pour lui demander l'éloignement de la Valiére.

Elle en dit les propres termes au Roi, pour lui faire voir qu'il étoit dupé par la Comtesse de Soissons; & le soir même, comme elle donna la lettre au Roi, y trouvant ce qu'on avoit dit, il brûla la lettre, rompit avec la Mothe, demanda pardon à la Valiére, & lui avoua tout ; en sorte que depuis ce tems-là, la Valiére n'en eut aucune inquiétude ; & la Mothe s'est piquée depuis d'avoir une passion pour le Roi, qui l'a rendue une Vestale pour tous les autres hommes.

L'avanture de la Mothe fut ce qui se passa de plus considérable à Saint Germain : Vardes paroissoit déja amoureux de Madame, aux yeux de ceux qui les avoient bons; mais Monsieur n'en avoit aucune jalousie, & au contraire étoit fort aise que Madame eût de la confiance en lui.

La Reine Mere n'en étoit pas de même, elle haïssoit Vardes, & ne vouloit pas qu'il se rendît Maître de l'esprit de Madame.

On revint à Paris. La Valiére étoit toûjours au Palais Royal ; mais elle ne suivoit point Madame, & même elle ne la voyoit que rarement. Artigni quoique ennemie

de

de Montalais, prit sa place auprès de la Valiére, elle avoit toute sa confiance, & étoit tous les jours entre le Roi & elle.

Montalais suportoit impatiemment la prospérité de son ennemie, & ne respiroit que les occasions de s'en vanger, & de vanger en même tems Madame de l'insolence qu'Artigni avoit eue, de découvrir ce qui la regardoit.

Lorsqu'Artigni vint à la Cour, elle y arriva grosse; & sa grossesse étoit déja si avancée, que le Roi, qui n'en avoit point oui parler, s'en apperçut, & le dit en même tems; sa Mere la vint querir sous prétexte qu'elle étoit malade. Cette aventure n'auroit pas fait beaucoup de bruit, mais Montalais fit si bien, qu'elle trouva le moyen d'avoir des lettres qu'Artigni avoit écrites pendant sa grossesse au Pere de l'enfant, & remit ces lettres entre les mains de Madame, de sorte que Madame, ayant un si juste sujet de chasser une personne, dont elle avoit tant de raisons de se plaindre, déclara qu'elle vouloit chasser Artigni, & en dit toutes les raisons. Artigni eut recours à la Valiére. Le Roi à sa priére voulut empêcher Madame de la chasser ; cette affaire fit beaucoup de bruit, & causa même de la brouillerie entre le Roi & elle. Les lettres furent remises entre les mains de Madame de Montausier (*a*), & de Saint Chaumont, pour vérifier l'écriture ; mais enfin Vardes, qui vouloit faire des choses agreables au Roi, afin qu'il ne trouvât pas à redire au commerce qu'il avoit avec

(a) *Dame d'honneur de la Reine.*

avec Madame, se fit fort d'engager Madame à garder Artigni; & comme Madame étoit fort jeune, qu'il étoit fort habile, & qu'il avoit un grand credit sur son esprit, il l'y obligea effectivement.

Artigni avoua au Roi la vérité de son aventure; le Roi fut touché de sa confiance, il profita depuis des bonnes dispositions qu'elle lui avoit avouées; & quoique ce fût une personne d'un très médiocre mérite, il l'a toûjours bien traitée depuis, & a fait sa fortune comme nous le dirons ci-après.

Madame & le Roi se raccommoderent. On dança pendant l'Hiver un joli ballet. La Reine ignoroit toûjours que le Roi fût amoureux de la Valiére, & croyoit que c'étoit de Madame.

Monsieur étoit extrèmement jaloux

du Prince de Marsillac, aîné du Duc de la Rochefoucault, & il l'étoit d'autant plus qu'il avoit pour lui une inclination naturelle, qui lui faisoit croire que tout le monde devoit l'aimer.

Marsillac en effet étoit amoureux de Madame, il ne le lui faisoit paroître que par ses yeux, ou par quelques parolles jettées en l'air qu'elle seule pouvoit entendre, elle ne répondoit point à sa passion, elle étoit fort occupée de l'amitié que Vardes avoit pour elle, qui tenoit plus de l'amour que de l'amitié; mais comme il étoit embarassé de ce qu'il devoit au Comte de Guiches, & qu'il étoit partagé par l'engagement qu'il avoit avec la Comtesse de Soissons, il étoit fort incertain de ce qu'il devoit faire, & ne sçavoit s'il devoit s'engager
entié-

entiérement avec Madame, ou demeurer seulement son ami.

Monsieur fut si jaloux de Marsillac qu'il l'obligea de s'en aller chés lui. Dans le tems qu'il partit il arriva une aventure qui fit beaucoup d'éclat, & dont la vérité fut cachée pendant quelque tems.

Au commencement du Printems le Roi alla passer quelques jours à Versailles. La Rougeolle lui prit, dont il fut si mal qu'il pensa aux ordres qu'il devoit donner à l'Etat, & il résolut de mettre Monseigneur le Dauphin entre les mains du Prince de Conti, que la dévotion avoit rendu un des plus honnêtes hommes de France. Cette maladie ne fut dangereuse que pendant vingt quatre heures ; mais quoi qu'elle le fût pour ceux qui la pouvoient prendre, tout le monde ne laissa pas d'y aller.

Monsieur le Duc y fut, & prit la Rougeolle ; Madame y alla aussi quoiqu'elle la craignît beaucoup: ce fut là que Vardes, pour la premiére fois, lui parla assés clairement de la passion qu'il avoit pour elle. Madame ne le rebuta pas entiérement : il est difficile de maltraiter un Confident aimable quand l'Amant est absent.

Madame de Châtillon (*a*) qui approchoit alors Madame de plus près qu'aucune autre, s'étoit apperçue de l'inclination que Vardes avoit pour elle ; & quoi qu'ils eussent été brouillés ensemble après avoir été fort bien, elle se racommoda avec lui, moitié pour entrer dans la confidence de Madame, moitié pour

(*a*) *Depuis Madame de Mekelbourg.*

pour le plaisir de voir souvent un homme qui lui plaisoit fort.

Le Comte du Plessis, premier Gentilhomme de la chambre de Monsieur, par une complaisance extraordinaire pour Madame, avoit toûjours été porteur des lettres qu'elle écrivoit à Vardes, & de celles que Vardes lui écrivoit; & quoiqu'il dût bien juger que ce commerce regardoit le Comte de Guiches, & ensuite Vardes même, il ne laissa pas de continuer.

Cependant Montalais étoit toûjours comme prisonniére à Frontevaux. Malicorne & un appellé Corbinelli, qui étoit un garçon d'esprit & de mérite, & qui s'étoit trouvé dans la confidence de Montalais, avoient entre les mains toutes les lettres dont elle avoit été dépositaire, & ces lettres étoient d'une conséquence extrême pour le Comte de Guiches, & pour Madame; parce que pendant qu'il étoit à Paris, comme le Roi ne l'aimoit pas naturellement, & qu'il avoit cru avoir des sujets de s'en plaindre, il ne s'étoit point ménagé en écrivant à Madame, & s'étoit abandonné à beaucoup de plaisanteries & de choses offensantes contre le Roi. Malicorne & Corbinelli voyant Montalais si fort oubliée, & craignant que le tems ne diminuât l'importance des lettres qu'ils avoient entre les mains, résolurent de voir s'ils ne pouroient pas en tirer quelqu'avantage pour Montalais, dans un tems où l'on ne pouvoit l'accuser d'y avoir part.

Ils firent donc parler de ces lettres à Madame par la Mere de la la Fayette superieure de Chaillot; & l'on fit aussi entendre au Maréchal de Grammont, qu'il devoit aussi songer aux intérêts de Montalais, puisqu'elle avoit entre ses mains des secrets si considerables.

Vardes connoissoit fort Corbinelli; Montalais lui avoit dit l'amitié qu'elle avoit pour lui : & comme le dessein de Vardes étoit de se rendre maître des lettres, il ménageoit fort Corbinelli, & tâchoit à l'engager à ne les faire rendre que par lui.

Il sçut par Madame que d'autres personnes lui proposoient de les lui faire rendre, il vint trouver Corbinelli comme un desesperé, & Corbinelli sans lui avouer que c'étoit par lui que les propositions s'étoient faites, promit à Vardes

des que les lettres ne passeroient que par ses mains.

Lorsque Marsillac avoit été chassé, Vardes dont les intentions étoient déja de brouiller entiérement le Comte de Guiches avec Madame, avoit écrit au Comte qu'elle avoit une galanterie avec Marsillac. Le Comte de Guiches trouvant que ce que lui mandoit son meilleur ami, & l'homme de la Cour qui voyoit Madame de plus près, s'accordoit avec les bruits qui couroient, ne douta point qu'ils ne fussent véritables, & écrivit à Vardes comme persuadé de l'infidélité de Madame.

Quelque-tems auparavant Vardes, pour se faire un mérite auprès de Madame, lui dit qu'il falloit aussi retirer les lettres que le Comte de Guiches avoit d'elle. Il écrivit

écrivit au Comte de Guiches que puis qu'on trouvoit moyen de retirer celles qu'il avoit écrites à Madame, il falloit qu'il lui rendît celles qu'il avoit d'elle. Le Comte de Guiches y consentit sans peine, & manda à sa Mere de remettre entre les mains de Vardes une Cassette, qu'il lui avoit laissée.

Tout ce commerce pour faire rendre les lettres, fit trouver à Vardes & à Madame une nécessité de se voir; & la Mere de la Fayette croyant qu'il ne s'agissoit que de rendre des lettres, consentit que Vardes vînt secretement à un parloir de Chaillot parler à Madame. Ils eurent une fort longue conversation, & Vardes dit à Madame que le Comte de Guiches étoit persuadé qu'elle avoit une galanterie

terie avec Marsillac ; il lui montra même les lettres que le Comte de Guiches lui écrivoit, où il ne paroissoit pas néanmoins que ce fût lui qui eût donné l'avis, & là-dessus il disoit tout ce que peut dire un homme qui veut prendre la place de son ami ; & comme l'esprit & la jeunesse de Vardes le rendoient très-aimable, & que Madame avoit une inclination pour lui plus naturelle que pour le Comte de Guiches, il étoit difficile qu'il ne fît pas quelques progrès dans son esprit.

Ils résolurent dans cette entrevue qu'on retireroit ses lettres qui étoient entre les mains de Montalais : ceux qui les avoient les rendirent en effet ; mais ils gardèrent toutes celles qui étoient d'importance. Vardes les rendit à Madame me chés la Comtesse de Soissons, avec celles qu'elle avoit écrites au Comte de Guiches, & elles furent brûlées à l'heure même.

Quelques jours après Madame & Vardes convinrent ensemble de se voir encore à Chaillot ; Madame y alla, mais Vardes n'y fut pas, & s'excusa sur de très-méchantes raisons. Il se trouva que le Roi avoit sçu la premiére entrevue ; & soit que Vardes même le lui eût dit, & qu'il crût que le Roi n'en aprouveroit pas une seconde ; soit qu'il craignît la Comtesse de Soissons, enfin il n'y alla pas. Madame en fut extrêmement indignée. Elle lui écrivit une lettre où il y avoit beaucoup de hauteur & de chagrin, & ils furent brouillés quelque tems.

La Reine Mere fut malade pendant

dant la plus grande partie de l'Eté: cela fut cause que la Cour ne quitta Paris qu'au mois de Juillet. Le Roi en partit pour prendre Marsal. Tout le monde le suivit. Marsillac qui n'avoit eu qu'un avis de s'éloigner, & qui n'en avoit point d'ordre, revint & suivit le Roi.

Comme Madame vit que le Roi iroit en Loraine, & qu'il verroit le Comte de Guiches, elle craignit qu'il n'avouât au Roi le commerce qu'ils avoient ensemble, & elle lui manda que si il lui en disoit quelque chose, elle ne le verroit jamais; cette lettre n'arriva qu'après que le Roi eut parlé au Comte de Guiches, & qu'il lui eut avoué tout ce que Madame lui avoit caché.

Le Roi le traita si bien pendant

ce voyage que tout le monde en fut surpris. Vardes qui sçavoit ce que Madame avoit écrit au Comte de Guiches, fit semblant d'ignorer qu'il n'avoit pas reçu la lettre, & il manda à Madame que la nouvelle faveur du Comte de Guiches l'avoit tellement ébloui qu'il avoit tout avoué au Roi.

Madame fut fort en colére contre le Comte de Guiches, & aïant un si juste sujet de rompre avec lui, & peut être aïant d'ailleurs envie de le faire, elle lui écrivit une lettre pleine d'aigreur, & rompit avec lui en lui défendant de jamais nommer son nom.

Le Comte de Guiches, après la prise de Marsal, n'aiant plus rien à faire en Loraine, avoit demandé au Roi la permission de s'en aller

aller en Pologne. Il avoit écrit à Madame tout ce qui la pouvoit adoucir sur sa faute ; mais Madame ne voulut pas recevoir ses excuses, & lui écrivit cette lettre de rupture dont je viens de parler. Le Comte de Guiches la reçut lorsqu'il étoit prêt à s'embarquer, & il en eut un si grand desespoir, qu'il eût souhaité que la tempête, qui s'élevoit dans le moment, lui donnât lieu de finir sa vie. Son voyage fut néanmoins très-heureux : il fit des actions extraordinaires ; il s'exposa à de grands périls dans la guerre contre les Moscovites, & y reçut même un coup dans l'estomac, qui l'eût tué sans doute, sans un portrait de Madame, qu'il portoit dans une fort grosse boete

qui

qui reçut le coup, & qui en fut toute brisée.

Vardes étoit assés satisfait de voir le Comte de Guiches si éloigné de Madame en toute façon, Marsillac étoit le seul Rival qui lui restât à combattre ; & quoique Marsillac lui eût toûjours nié qu'il fût amoureux de Madame, quelqu'offre de l'y servir qu'il lui eût pu faire, il sçut si bien le tourner, & de tant de côtés, qu'il le lui fit avouer, ainsi il se trouva le confident de son Rival.

Comme il étoit intime ami de Monsieur de la Rochefoucault, à qui la passion de son fils pour Madame déplaisoit infiniment, il engageoit Monsieur à ne point faire de mal à Marsillac : néanmoins au retour de Marsal, comme on étoit à une assemblée, il reprit un soir à Monsieur

sieur une jalousie sur Marsillac; il appella Vardes pour lui en parler, & Vardes, pour lui faire sa Cour, & pour faire chasser Marsillac, lui dit qu'il s'étoit apperçu de la maniére dont Marsillac avoit regardé Madame, & qu'il en alloit avertir Monsieur de la Rochefoucault.

Il est aisé de juger que l'approbation d'un homme comme Vardes, qui étoit ami de Marsillac, n'augmenta pas peu la mauvaise humeur de Monsieur, & il voulut encore que Marsillac se retirât. Vardes vint trouver Monsieur de la Rochefoucault, & lui conta assés malignement ce qu'il avoit dit à Monsieur, qui le conta aussi à Monsieur de la Rochefoucault. Vardes & lui furent prêts à se brouiller entiérement, & d'autant plus que la Rochefouchefoucault sçut alors que son fils avoit avoué sa passion pour Madame.

Marsillac partit de la Cour, & passant par Moret, où étoit Vardes, il ne voulut point d'éclaircissement avec lui, mais depuis ce tems-là ils n'eurent plus que des apparences l'un pour l'autre.

Cette affaire fit beaucoup de bruit, & l'on n'eut pas de peine à juger que Vardes étoit amoureux de Madame. La Comtesse de Soissons commença même à en avoir de la jalousie; mais Vardes la menagea si bien que rien n'éclata.

Nous avons laissé Vardes content d'avoir fait chasser Marsillac, & de sçavoir le Comte de Guiches en Pologne; il lui restoit deux personnes qui l'incommodoient encore, & qu'il ne vouloit pas qui fussent

sent des amis de Madame. Le Roi en étoit un, l'autre étoit Gondrin Archevêque de Sens.

Il se défit bientôt du dernier, en lui disant que le Roi le croyoit amoureux de Madame, & qu'il avoit fait la plaisanterie de dire qu'il faudroit bien-tôt envoyer un Archevêque à Nancy; cela lui fit gagner son Diocèse, d'où il revenoit rarement.

Il se servit aussi de cette même plaisanterie pour dire à Madame que le Roi la haïssoit, & qu'elle devoit s'assûrer de l'amitié du Roi son Frere, afin qu'il pût la défendre contre la mauvaise volonté de l'autre; Madame lui dit qu'elle en étoit assûrée; il l'engagea à lui faire voir les lettres que son Frere lui écrivoit; elle le fit, & il s'en fit valoir auprès du Roi, en lui dépeipeignant Madame comme une personne dangereuse, mais que le crédit qu'il avoit sur elle l'empêcheroit de rien faire mal à propos.

Il ne laissa pourtant pas, dans le tems qu'il faisoit de telles trahisons à Madame, de paroître s'abandonner à la passion qu'il disoit avoir pour elle, & de lui dire tout ce qu'il sçavoit du Roi.

Il la pria même de lui permettre de rompre avec la Comtesse de Soissons, ce qu'elle ne voulut pas souffrir, car quoiqu'elle eût asseurément trop d'indulgence pour sa passion, elle ne laissoit pas d'entrevoir que son procedé n'étoit pas sincére, & cette pensée empêcha Madame de s'engager; elle se brouilla même avec lui très peu de tems après.

Dans ce même tems Madame de

Mekelbourg & Madame de Montespan étoient les deux personnes qui paroissoient le mieux avec Madame ; la derniére étoit jalouse de l'autre, & cherchant pour la détruire tous les moyens possibles, elle rencontra celui que je vais dire. Madame d'Armagnac étoit alors en Savoye, où elle avoit conduit Madame de Savoye. Monsieur pria Madame de la mettre à son retour de toutes les parties de plaisir qu'elle feroit ; Madame y consentit quoiqu'il lui parût que Madame d'Armagnac cherchoit plutôt à s'en retirer. Madame de Mekelbourg dit à Madame qu'elle en sçavoit la raison. Elle lui conta que dans le tems du mariage de Madame d'Armagnac, elle avoit une affaire reglée avec Vardes, & que desirant de retirer de lui ses lettres, il lui

lui avoit dit qu'il ne les lui rendroit que quand il seroit assûré qu'elle n'aimeroit personne.

Avant que d'aller en Savoye elle avoit fait une tentative pour les ravoir, à laquelle il avoit resisté, disant qu'elle aimoit Monsieur, ce qui lui faisoit apprehender de se trouver chez Madame de peur de l'y rencontrer.

Madame résolut, sçachant cela, de redemander à Vardes ses lettres pour les lui rendre, afin qu'elle n'eût plus rien à ménager; Madame le dit à la Montespan, qui l'en loua, mais qui s'en servit pour lui jouer la piéce la plus noire qu'on puisse s'imaginer.

En ce même tems Monsieur le Grand aimoit Madame, & quoiqu'il le lui fit connoître très grossiérement, il crut que puis qu'elle n'y ré-

répondoit pas, elle ne le comprenoit point; cela lui fit prendre la résolution de lui écrire; mais ne se trouvant pas assés d'esprit, il pria Monsieur de Luxembourg, & l'Archevêque de Sens de faire la lettre qu'il vouloit mettre dans la poche de Madame au Val de Grace, afin qu'elle ne la pût refuser: ils ne jugerent pas à propos de le faire, & avertirent Madame de son extravagance. Madame les pria de faire ensorte qu'il ne pensât plus à elle, & en effet ils y réussirent.

Mais Madame d'Armagnac revenant de Savoye, se trouva fort jalouse; Madame de Montespan lui dit qu'elle avoit raison de l'être, & pour la prévenir, alla au devant d'elle lui conter que Madame vouloit avoir ses lettres, pour lui faire du mal, & qu'à moins qu'elle ne perdît

perdît Madame de Mekelbourg, on la perdroit elle même. Madame d'Armagnac, qui employoit volontiers le peu d'esprit qu'elle avoit à faire du mal, conclud avec Madame de Montespan, qu'il falloit perdre Madame de Mekelbourg : elles y travaillerent auprès de la Reine Mere, par Monsieur de Beauvais; & auprès de Monsieur, en lui representant que Madame de Mekelbourg avoit trop méchante reputation pour la laisser auprès de Madame.

Elle de son côté voulut faire tant de finesses qu'elle acheva de se détruire, & Monsieur lui défendit de voir Madame. Madame au desespoir de l'affront qu'une de ses amies recevoit, défendit à Mesdames de Montespan & d'Armagnac de se presenter devant elle. Elle voulut

lut même obliger Vardes à menacer cette derniére, en lui difant que fi elle ne faifoit revenir Madame de Mekelbourg, il remettroit entre fes mains les lettres en queftion ; mais au lieu de le faire, il fe fit valoir de la propofition, ce qui fortifia Madame dans la penfée qu'elle avoit, que c'étoit un grand fourbe.

Monfieur l'avoit auffi découvert par des redittes qu'il avoit faites entre le Roi & lui ; ainfi il n'ofa plus venir chés Madame que rarement, & voyant que Madame dans fes lettres ne lui rendoit pas compte des converfations frequentes qu'elle avoit avec le Roi, il commença à croire que le Roi devenoit amoureux d'elle, ce qui le mit au defefpoir.

Dans le même tems on fçut
par

par des lettres de Pologne, que le Comte de Guiches, après avoir fait des actions extraordinaires de valeur, étoit réduit avec l'armée de Pologne, dans un état d'où il n'étoit pas possible de se sauver; l'on conta cette nouvelle au souper du Roi, Madame en fut si saisie qu'elle fut heureuse que l'attention que tout le monde avoit pour la relation, empêchât de remarquer le trouble où elle étoit.

Madame sortit de table, elle rencontra Vardes, & lui dit, je vois bien que j'aime le Comte de Guiches plus que je ne pense; cette declaration jointe aux soupçons qu'il avoit du Roi, lui firent prendre la résolution de changer de maniére d'agir avec Madame.

Je crois qu'il eût rompu incontinent

tinent avec elle, si des considérations trop fortes ne l'eussent retenu ; il lui fit des plaintes sur les deux sujets qu'il en avoit ; Madame lui répondit en plaisantant que pour le Roi, elle lui permettoit le personnage de Chabanier, & que pour le Comte de Guiches, elle lui apprendroit combien il avoit fait de choses pour le brouiller avec elle, s'il ne souffroit qu'elle lui fit part de ce qu'elle sentoit pour lui ; il manda ensuite à Madame, qu'il commençoit à sentir que la Comtesse de Soissons ne lui étoit pas indifférente. Madame lui répondit que son nez l'incommoderoit trop dans son lit, pour qu'il lui fût possible d'y demeurer ensemble. Depuis ce tems-là l'intelligence de Madame & de Vardes étoit fondée plutôt sur la considération, que sur aucune des

des raisons qui l'avoient fait naître.

L'on alla cet Eté à Fontainebleau; Monsieur, ne pouvant souffrir que ses deux amies Madame d'Armagnac & de Montespan fussent exclues de toutes les parties de plaisir, par la défense que Madame leur avoit faite de paroître en sa présence, consentit que Madame de Mekelbourg reverroit Madame, & elles le firent toutes trois avant que la Cour partît de Paris ; mais les deux premiéres ne rentrerent jamais dans les bonnes graces de Madame, surtout Madame de Montespan.

L'on ne songea qu'à se divertir à Fontainebleau, & parmi toutes les Fêtes la dissention des Dames faisant toûjours quelques affaires, celle qui fit le plus de bruit vint d'une Medianox où le Roi pria Madame d'assister ; cette Fête devoit se don-

donner sur le Canal, dans un batteau fort éclairé, & accompagné d'autres où étoient les Violons & la Musique.

Jusqu'à ce jour la grossesse de Madame l'avoit empêchée d'être des promenades ; mais se trouvant dans le neuviéme mois, elle fut de toutes ; elle pria le Roi d'en exclure Mesdames d'Armagnac & de Montespan ; mais Monsieur, qui croyoit l'autorité d'un Mari choquée par l'exclusion qu'on donnoit à ses amies, déclara qu'il ne se trouveroit pas aux Fêtes, où ces Dames ne seroient pas.

La Reine Mere qui continuoit à haïr Madame, le fortifia dans cette résolution, & s'emporta fort contre le Roi qui prenoit le parti de Madame. Elle eut le dessus néanmoins, & les Dames ne furent point de
la

la Medianox, dont elles penserent enrager.

La Comtesse de Soissons, qui depuis long tems avoit été jalouse de Madame jusqu'à la folie, ne laissoit pas de vivre bien avec elle; un jour qu'elle étoit malade, elle pria Madame de l'aller voir, & voulant être éclaircie de ses sentimens pour Vardes, après lui avoir fait beaucoup de protestations d'amitié, elle reprocha à Madame le commerce que depuis trois ans elle avoit avec Vardes à son insçu, que si c'étoit galanterie c'étoit lui faire un tour bien sensible, & que si ce n'étoit qu'amitié, elle ne comprenoit pas pourquoi Madame vouloit la lui cacher, sçachant combien elle étoit attachée à ses intérêts.

Comme Madame aimoit extrèmement à tirer ses amies d'embarras, elle dit à la Comtesse, qu'il n'y avoit jamais eu dans le cœur de Vardes aucuns sentimens dont elle pût se plaindre ; la Comtesse pria Madame, puisque cela étoit, de dire devant Vardes, qu'elle ne vouloit plus de commerce avec lui que par elle. Madame y consentit ; on envoya querir Vardes dans le moment ; il fut un peu surpris, mais quand il vit qu'au lieu de chercher à le brouiller, Madame prenoit toutes les fautes sur elle, il vint la remercier, & l'assûra qu'il lui seroit toute sa vie redevable des marques de sa générosité.

Mais la Comtesse de Soissons, craignant toûjours qu'on ne lui eût fait quelque finesse, tourna tant Vardes, qu'il se coupa sur deux ou trois choses ; elle en parla à Madame pour s'éclaircir, & lui apprit que Var-

Vardes lui avoit fait une insigne trahison auprès du Roi, en lui montrant les lettres du Roi d'Angleterre.

Madame ne s'emporta pourtant pas contre Vardes, elle soutint toûjours qu'il étoit innocent envers la Comtesse, quoiqu'elle fût très-mal-contente de lui; mais elle ne vouloit pas paroître menteuse, & il falloit le paroître pour dire la vérité.

La Comtesse dit pourtant tout le contraire à Vardes, ce qui acheva de lui tourner la tête; il lui avoua tout, & comment il n'avoit tenu qu'à Madame qu'il ne l'eût vue de toute sa vie. Jugés dans quel desespoir fut la Comtesse. Elle envoya prier Madame de l'aller voir. Madame la trouva dans une douleur inconcevable des trahisons de son amant. Elle pria Madame de lui dire la vérité, & lui dit qu'elle voyoit bien que la raison qui l'en avoit empêchée étoit une bonté pour Vardes que ses trahisons ne méritoient pas.

Sur cela elle conta à Madame tout ce qu'elle sçavoit, & dans cette confrontation, qu'elles firent entr'elles, elles découvrirent des tromperies qui passent l'imagination; la Comtesse jura qu'elle ne verroit Vardes de sa vie; mais que ne peut une violente inclination; Vardes joua si bien la Comedie qu'il l'appaisa.

Fin de la Troisiéme Partie.

QUATRIEME PARTIE.

Dans ce tems le Comte de Guiches revint de Pologne; Monsieur souffrit qu'il revînt à la Cour; mais il exigea de son Pere qu'il ne se trouveroit pas dans les lieux où se trouveroit Madame. Il ne laissoit pas de la rencontrer souvent, & de l'aimer en la revoyant, quoique l'absence eût été longue, que Madame eût rompu avec lui, & qu'il fût incertain de ce qu'il devoit croire de l'affaire de Vardes.

Il ne sçavoit plus de moyen de s'éclaircir avec Madame; Godoux qui étoit le seul homme en qui il se fioit, n'étoit pas à Fontainebleau; & ce qui acheva de le mettre au desespoir fut que comme Madame sçavoit que le Roi étoit instruit des

des lettres qu'elle lui avoit écrites à Nancy, & du portrait qu'il avoit d'elle, elle les lui fit redemander par le Roi même, à qui il les rendit avec toute la douleur possible, & toute l'obéissance qu'il a toûjours euë pour les ordres de Madame.

Cependant Vardes, qui se sentoit coupable envers son ami, lui embrouilla tellement les choses, qu'il lui pensa faire tourner la tête; tous ses raisonnemens lui faisoient connoître qu'il étoit trompé; mais il ignoroit si Madame avoit part à la tromperie, ou si Vardes seul étoit coupable; son humeur violente ne le pouvant laisser dans cette inquiétude, il résolut de prendre Madame de Mekelbourg pour juge, & Vardes la lui nomma comme un témoin de sa fidélité; mais il ne le vou-

voulut, qu'à condition que Madame y consentiroit.

Il lui en écrivit par Vardes pour l'en prier; Madame étoit accouchée de Mademoiselle de Valois, & ne voyoit encore personne; mais Vardes lui demanda une audience avec tant d'instance, qu'elle la lui accorda. Il se jetta d'abord à genoux devant elle, il se mit à pleurer & à lui demander grace, lui offrant de cacher, si elle vouloit être de concert avec lui, tout le commerce qui avoit été entr'eux.

Madame lui déclara qu'au lieu d'accepter cette proposition, elle vouloit que le Comte de Guiches en sçût la vérité, que comme elle avoit été trompée, & qu'elle avoit donné dans des panneaux dont personne n'auroit pu se défendre, elle ne vouloit pas d'autre justification que la vérité, au travers de laquelle on verroit que ses bontés, entre les mains de tout autre que de lui, n'auroient pas été tournées comme elles l'avoient été.

Il voulut ensuite lui donner la lettre du Comte de Guiches; mais elle la refusa, & elle fit très-bien, car Vardes l'avoit déja montrée au Roi, & lui avoit dit que Madame le trompoit.

Il pria encore Madame de nommer quelqu'un pour les accommoder; elle consentit, pour empêcher qu'ils ne se batissent, que la paix se fit chés Madame de Mekelbourg; mais Madame ne vouloit pas qu'il parût que cette entrevue se fit de son consentement. Vardes qui avoit esperé toute autre chose, fut dans un desespoir nonpareil, il se coignoit la tête contre les murailles,

les, il pleuroit & faisoit toutes les extravagances possibles; mais Madame tint ferme, & ne se relâcha point, dont bien lui prit.

Quand Vardes fut sorti, le Roi arriva, Madame lui conta comment la chose s'étoit passée, dont le Roi fut si content, qu'il entra en éclaircissement avec elle, & lui promit de l'aider à démêler les fourberies de Vardes, qui se trouverent si excessives qu'il seroit impossible de les définir.

Madame se tira de ce Labirinte en disant toûjours la vérité, & sa sincérité la maintint auprès du Roi.

Le Comte de Guiches cependant étoit très-affligé de ce que Madame n'avoit pas voulu recevoir sa lettre; il crut qu'elle ne l'aimoit plus, & il prit la résolution de voir Vardes chez Madame de Mekelbourg

bourg, pour se battre contre lui; elle ne les voulut point recevoir, desorte qu'ils demeurerent dans un état, dont on attendoit tous les jours quelque éclat horrible.

Le Roi retourna en ce tems à Vincennes. Le Comte de Guiches, qui ne sçavoit dans quels sentimens Madame étoit pour lui, ne pouvant plus demeurer dans cette incertitude, résolut de prier la Comtesse de Grammont, qui étoit Angloise, de parler à Madame, & il l'en pressa tant qu'elle y consentit; son Mary même se chargea d'une lettre qu'elle ne voulut pas recevoir; Madame lui dit que le Comte de Guiches avoit été amoureux de Mademoiselle de Grancey, sans lui avoir fait dire que c'étoit un prétexte, qu'elle se trouvoit heureuse de n'avoir point d'affaire avec lui

lui, & que s'il eût agi autrement, son inclination & la reconnoissance l'auroient fait consentir, malgré les dangers auxquels elle s'exposoit, à conserver pour lui les sentimens qu'il auroit pu desirer.

Cette froideur renouvella tellement la passion du Comte de Guiches, qu'il étoit tous les jours chés la Comtesse de Grammont, pour la prier de parler à Madame en sa faveur. Enfin le hazard lui donna occasion de la parler elle même plus qu'il ne l'esperoit.

Madame de la Vieville donna un bal chés elle ; Madame fit partie pour y aller en masque avec Monsieur, & pour n'être pas reconnue, elle fit habiller magnifiquement ses Filles, & quelques Dames de sa suite; & elle, avec Monsieur, alla avec des capes

capes, dans un carosse emprunté.

Ils trouverent à la porte une troupe de Masques. Monsieur leur proposa, sans les connoître, de s'associer à eux, & en prit un par la main, Madame en fit autant ; jugez quelle fut sa surprise, quand elle trouva la main estropiée du Comte de Guiches, qui reconnut aussi les sachets dont les coeffes de Madame étoient parfumées ; peu s'en fallut qu'ils ne jettassent un cri tous les deux, tant cette avanture les surprit.

Ils étoient l'un & l'autre dans un si grand trouble qu'ils monterent l'escalier sans se rien diré. Enfin le Comte de Guiches, aiant reconnu Monsieur, & aiant vu qu'il s'étoit allé asseoir loin de Madame, s'étoit mis à ses genoux, & eut le tems non seulement de se justifier, mais d'apprendre

dre de Madame tout ce qui s'étoit passé pendant son absence; il eut beaucoup de douleur qu'elle eût écouté Vardes; mais il se trouva si heureux de ce que Madame lui pardonnoit sa ravauderie avec Mademoiselle de Grancey, qu'il ne se plaignit pas.

Monsieur rappella Madame, & le Comte de Guiches, de peur d'être reconnu, sortit le premier; mais le hazard qui l'avoit amené en ce lieu le fit amuser au bas du degré; Monsieur étoit un peu inquiet de la conversation que Madame avoit eue, elle s'en apperçut, & la crainte d'être questionnée fit que le pied lui manqua, & du haut de l'escalier elle alla bronchant jusqu'en bas, où étoit le Comte de Guiches, qui, en la retenant, l'empêcha de se tuer, car elle étoit grosse.

Tou-

Toutes choses sembloient, comme vous voyez, aider à son racommodement; aussi s'acheva-t-il. Madame reçut ensuite de ses lettres, & un soir que Monsieur étoit allé en masque, elle le vit chés la Comtesse de Grammont, où elle attendoit Monsieur pour faire Medianox.

Dans ce même tems Madame trouva occasion de se venger de Vardes. Le Chevalier de Loraine étoit amoureux d'une des Filles de Madame, qui s'appelloit Fiennes; un jour qu'il se trouva chés la Reine, devant beaucoup de gens, on lui demanda à qui il en vouloit, quelqu'un répondit que c'étoit à Fiennes, Vardes dit qu'il auroit bien mieux fait de s'adresser à sa Maitresse; cela fut rapporté à Madame par le Comte de Grammont, elle
se

se le fit raconter par le Marquis de Villeroi, ne voulant pas nommer l'autre, & l'aiant engagé dans la chose, aussi bien que le Chevalier de Loraine, elle en fit ses plaintes au Roi, & le pria de chasser Vardes. Le Roi trouva la punition un peu rude, mais il le promit. Vardes demanda à n'être mis qu'à la Bastille, où tout le monde l'alla voir.

Ses amis publierent que le Roi avoit consenti avec peine à cette punition, & que Madame n'avoit pu le faire casser. Voyant qu'en effet cela se trouvoit avantageusement pour lui, Madame repria le Roi de l'envoyer à son Gouvernement, ce qu'il lui accorda.

La Comtesse de Soissons enragée de ce que Madame lui ôtoit également Vardes, par sa haine
&

& par son amitié, & son dépit aiant augmenté par la hauteur avec laquelle toute la jeunesse de la Cour avoit soutenu que Vardes étoit punissable, elle résolut de s'en venger sur le Comte de Guiches.

Elle dit au Roi que Madame avoit fait ce sacrifice au Comte de Guiches, & qu'il auroit regret d'avoir servi sa haine, s'il sçavoit tout ce que le Comte de Guiches avoit fait contre lui.

Montalais, qu'une fausse générosité faisoit souvent agir, écrivit à Vardes, que s'il vouloit s'abandonner à sa conduite elle auroit trois lettres qui pouvoient le tirer d'affaire; il n'accepta pas le parti; mais la Comtesse de Soissons, se servit de la connoissance de ces lettres pour obliger le Roi, à perdre le Comte de Guiches : elle accusa le Comte d'avoir voulu livrer Dunquerke aux Anglois, & d'avoir offert à Madame le Regiment des gardes; elle eut l'imprudence de mêler à tout cela la lettre d'Espagne ; heureusement le Roi parla à Madame de tout ceci, il lui parut d'une telle rage contre le Comte Guiches , & si obligé à la Comtesse de Soissons, que Madame se vit dans la nécessité de perdre tous les deux pour ne pas voir la Comtesse de Soissons sur le Thrône, après avoir accablé le Comte de Guiches. Madame fit pourtant promettre au Roi, qu'il pardonneroit au Comte de Guiches; si elle lui pouvoit prouver que ses fautes étoient petites en comparaison de celles de Vardes & de la Comtesse de Soissons; le Roi le

L. lui

lui promit, & Madame lui conta tout ce qu'elle fçavoit. Ils conclurent enfemble qu'il chafferoit la Comteffe de Soiffons, & qu'il mettroit Vardes en prifon. Madame avertit le Comte de Guiches en diligence par le Maréchal de Grammont, & lui confeilla d'avouer fincérement toutes chofes, aiant trouvé que dans toutes les matiéres embrouillées la vérité feule tire les gens d'affaire : quelque délicat que cela fût, le Comte de Guiches en remercia Madame, & fur cette affaire ils n'eurent de commerce que par le Maréchal de Grammont ; la régularité fut fi grande de part & d'autre qu'ils ne fe couperent jamais, & le Roi ne s'aperçut point de ce concert. Il envoya prier Montalais de lui dire la vérité, vous faurez ce détail d'elle, je vous dirai

dirai seulement que le Maréchal, qui n'avoit tenu que par miracle une aussi bonne conduite que celle qu'il avoit eue, ne put long tems se démentir, & son effroi lui fit envoyer son fils en Hollande, qui n'auroit pas été chassé s'il eut tenu bon.

Il en fut si affligé qu'il en tomba malade; son Pere ne laissa pas de le presser de partir; Madame ne vouloit pas qu'il lui dît adieu, parce qu'elle savoit qu'on l'observoit, & qu'elle n'étoit plus dans cet âge où ce qui étoit perilleux, lui paroissoit plus agréable; mais comme le Comte de Guiches ne pouvoit partir sans voir Madame, il se fit faire un habit des livrées de la Valiére, & comme on portoit Madame en chaise dans le Louvre, il eut la liberté de lui parler. Enfin le jour du départ arriva; le Comte avoit toûjours la fiévre, il ne laiſſa pas de ſe trouver dans la rue avec ſon déguiſement ordinaire; mais les forces lui manquerent quand il lui fallut prendre le dernier congé. Il tomba évanoui, & Madame reſta dans la douleur de le voir dans cet état, au hazard d'être reconnu, ou de demeurer ſans ſecours. Depuis ce tems-là Madame ne l'a point revu.

Madame étoit revenue d'Angleterre avec toute la gloire & le plaiſir que peut donner un voyage cauſé par l'amitié, & ſuivi d'un bon ſuccès dans les affaires. Le Roi ſon Frere, qu'elle aimoit chérement, lui avoit témoigné une tendreſſe & une conſidération extraordinaire; on ſavoit quoique très confuſement que la negotiation dont

dont elle se mêloit étoit sur le point de se conclure; elle se voyoit à 26 ans le lien des deux plus grands Rois de ce siecle; elle avoit entre les mains un traité d'où dépendoit le sort d'une partie de l'Europe; le plaisir & la consideration que donnent les affaires se joignant en elle aux agrémens que donne la jeunesse & la beauté, il y avoit une grace & une douceur répandues dans toute sa personne qui lui attiroient une sorte d'hommage, qui lui devoit être d'autant plus agréable, qu'on le rendoit plus à la personne qu'au rang.

Cet état de bonheur étoit troublé par l'éloignement où Monsieur étoit pour elle depuis l'affaire du Chevalier de Loraine; mais, selon toutes les apparences, les bonnes graces du Roi lui eussent fourni les moyens de sortir de cet embaras ; enfin elle étoit dans la plus agréable situation où elle se fût jamais trouvée, lorsqu'une mort, moins attendue qu'un coup de tonnerre, termina une si belle vie, & priva la France de la plus aimable Princesse qui vivra jamais.

RELATION DE LA MORT DE MADAME.

Le 24. Juin de l'année 1670. huit jours après son retour d'Angleterre, Monsieur & elle allerent à St. Cloud. Le premier jour qu'elle y alla, elle se plaignit d'un mal de côté, & d'une douleur dans l'estomac à laquelle elle étoit sujette; néanmoins comme il faisoit extrêmement chaud, elle voulut se bai-

baigner dans la riviére ; Monsieur Gueslin, son premier Médecin, fit tout ce qu'il put pour l'en empêcher, mais quoiqu'il lui pût dire elle se baigna le Vendredi , & le Samedi elle s'en trouva si mal qu'elle ne se baigna point. J'arrivai à St. Cloud le Samedi à dix heures du soir ; je la trouvai dans les jardins , elle me dit que je lui trouverois mauvais visage & qu'elle ne se portoit pas bien ; elle avoit soupé comme à son ordinaire, & elle se promena au clair de la Lune jusqu'à minuit. Le lendemain, Dimanche 29 Juin, elle se leva de bonne heure, & descendit chés Monsieur qui se baignoit ; elle fut long-tems auprès de lui, & en sortant de sa Chambre, elle entra dans la mienne, & me fit l'honneur de me dire qu'elle avoit bien passé la nuit.

Un moment après je montaï chés elle. Elle me dît qu'elle étoit chagrine, & la mauvaiſe humeur dont elle parloit auroit fait les belles heures des autres femmes, tant elle avoit de douceur naturelle, & tant elle étoit peu capable d'aigreur & de colére.

Comme elle me parloit on lui vint dire que la meſſe étoit prête. Elle l'alla entendre, & en revenant dans ſa chambre, elle s'apuya ſur moi, & me dît avec cet air de bonté qui lui étoit ſi particulier, qu'elle ne ſeroit pas de ſi méchante humeur ſi elle pouvoit cauſer avec moi ; mais qu'elle étoit ſi lâſſe de toutes les perſonnes qui l'environnoient qu'elle ne les pouvoit plus ſupporter.

Elle alla enſuite voir peindre Mademoiſelle, dont un excellent peintre

tre Anglois faisoit le portrait, & elle se mit à parler à Madame d'Espernon & à moi de son voyage d'Angleterre & du Roi son Frere.

Cette conversation qui lui plaisoit lui redonna de la joie, on servit le Dîner, elle mangea comme à son ordinaire, & après le Dîner elle se coucha sur des carreaux, ce qu'elle faisoit assés souvent lorsqu'elle étoit en liberté: elle m'avoit fait mettre auprès d'elle, en sorte que sa tête étoit quasi sur moi.

Le même peintre Anglois peignoit Monsieur, on parloit de toutes sortes de choses, & cependant elle s'endormit. Pendant son sommeil elle changea si considérablement, qu'après l'avoir long-tems regardée j'en fus surprise, & je pensai qu'il faloit que son esprit contribuât fort à parer son visage, puisqu'il le rendoit si agreable, lorsqu'elle étoit éveillée, & qu'elle l'étoit si peu quand elle étoit endormie; j'avois tort néanmoins de faire cette reflection, car je l'avois vue dormir plusieurs fois, & je ne l'avois pas vue moins aimable.

Après qu'elle fut éveillée elle se leva du lieu où elle étoit; mais avec un si mauvais visage, que Monsieur en fut surpris & me le fit remarquer.

Elle s'en alla ensuite dans le Salon où elle se promena quelque tems avec Boisfranc, Tresorier de Monsieur, & en lui parlant elle se plaignit plusieurs fois de son mal de côté.

Monsieur descendit pour aller à Paris, où il avoit résolu d'aller; il trouva Madame de Mekelbourg sur le degré, & remonta avec

avec elle ; Madame quitta Boisfranc, & vint à Madame de Mekelbourg ; comme elle parloit à elle Madame de Gamaches lui apporta, aussi bien qu'à moi, un verre d'eau de chicorée, qu'elle avoit demandé il y avoit déja quelque tems, Madame de Gourdon, sa Dame d'atour, le lui presenta. Elle le but, & en remettant d'une main la tasse sur la soucouppe de l'autre elle se prit le côté, & dît avec un ton qui marquoit beaucoup de douleur, ah, quel point de côté, ah, quel mal je n'en puis plus.

Elle rougit en prononçant ces paroles, & dans le moment d'après elle palit d'une paleur livide qui nous surprit tous ; elle continua de crier, & dît qu'on l'emportât comme ne pouvant plus se soutenir.

Nous la prîmes sous les bras, elle mar-

marchoit à peine, & toute courbée, on la deshabilla dans un inftant, je la foutenois pendant qu'on la delaçoit ; elle fe plaignoit toûjours, & je remarquai qu'elle avoit les larmes aux yeux ; j'en fus étonnée & attendrie, car je la connoiſſois pour la perſonne du monde la plus patiente.

Je lui dis, en lui baiſant les bras que je foutenois, qu'il faloit qu'elle fouffrît beaucoup, elle me dît que cela étoit inconcevable, on la mît au lit, & ſitôt quelle y fut, elle cria encore plus qu'elle n'avoit fait, & ſe jetta d'un côté & d'un autre, comme une perſonne qui ſouffroit infiniment; on alla en même tems appeller ſon premier Médecin Monſieur Eſprit; il vint, & dît que c'étoit la colique, & ordonna les remèdes ordinaires

naires à de semblables maux ; cependant les douleurs étoient inconcevables, Madame dît que son mal étoit plus considérable qu'on ne pensoit, qu'elle alloit mourir, qu'on lui allât querir un Confesseur.

Monsieur étoit devant son lit elle l'embrassa, & lui dît avec une douceur, & un air capable d'attendrir les cœurs les plus barbares, helas Monsieur vous ne m'aimez plus il y a long-tems, mais cela est injuste, je ne vous ai jamais manqué; Monsieur parut fort touché, & tout ce qui étoit dans sa chambre l'étoit tellement, qu'on n'entendoit plus que le bruit que font des personnes qui pleurent.

Tout ce que je viens de dire s'étoit passé en moins d'une demie heure, Madame crioit toûjours qu'elqu'elle sentoit des douleurs terribles dans le creux de l'estomac; tout d'un coup elle dît qu'on regardât à cette eau, qu'elle avoit bue, que c'étoit du poison, qu'on avoit peut-être pris une bouteille pour l'autre, qu'elle étoit empoisonnée, qu'elle le sentoit bien, & qu'on lui donnât du contre-poison.

J'étois dans la ruelle auprès de Monsieur, & quoique je le crusse fort incapable d'un pareil crime, un étonnement ordinaire à la malignité humaine me le fit observer avec attention, il ne fut ni ému ni embarassé de l'opinion de Madame, il dît qu'il faloit donner de cette eau à un chien, il opina comme Madame qu'on allât querir de l'huille & du contrepoison pour ôter à Madame une pensée si fâcheuse; Madame

dame Desbordes, sa premiere femme de chambre, qui étoit absolument à elle, lui dît qu'elle avoit fait l'eau, & en but; mais Madame perseverâ toûjours à vouloir de l'huile & du contrepoison, on lui donna l'un & l'autre. Ste. Foi, premier Valet de chambre de Monsieur, lui apporta de la poudre de Vipére, elle lui dît qu'elle la prenoit de sa main, parcequ'elle se fioit à lui, on lui fit prendre plusieurs drogues dans cette pensée de poison, & peut-être plus propres à lui faire du mal, qu'à la soulager, ce qu'on lui donna la fit vomir, elle en avoit déja eu envie plusieurs fois avant que d'avoir rien pris, mais ses vomissemens ne furent qu'imparfaits, & ne lui firent jetter que quelques flegmes, & une partie de la nouriture qu'elle avoit prise; l'agil'agitation de ces remèdes, & les excessives douleurs qu'elle souffroit, la mirent dans un abbatement qui nous parut du repos ; mais elle nous dît qu'il ne faloit pas se tromper, que ses douleurs étoient toûjours égales, qu'elle n'avoit plus la force de crier, & qu'il n'y avoit point de remède à son mal.

Il sembla qu'elle avoit une certitude entiére de sa mort, & qu'elle s'y résolut comme à une chose indifférente; selon toutes les apparences la pensée du poison étoit établie dans son esprit, & voyant que les remèdes avoient été inutiles elle ne songeoit plus à la vie, & ne pensoit qu'à souffrir ses douleurs avec patience. Elle commença à avoir beaucoup d'apprehension, Monsieur appella Madame de Gamaches, pour tâter son poux, les Médecin n'y n'y pensoient pas, elle sortit de la ruelle épouvantée, & nous dît qu'elle n'en trouvoit point à Madame, & qu'elle avoit toutes les extremités froides; cela nous fit peur, Monsieur en parut effrayé, Monsieur Esprit dît que c'étoit un accident ordinaire à la colique, & qu'il répondoit de Madame. Monsieur se mit en colére & dît, qu'il lui avoit répondu de Monsieur de Valois, & qu'il étoit mort, qu'il lui répondoit de Madame, & qu'elle mourroit encore.

Cependant le Curé de St. Cloud qu'elle avoit mandé étoit venu, Monsieur me fit l'honneur de me demander si on parleroit à ce Confesseur; je la trouvois fort mal, il me sembloit que ses douleurs n'étoient point celles d'une colique ordinaire; mais néanmoins j'étois bien
éloignée

éloignée de prévoir ce qui devoit arriver, & je n'attribuois les pensées qui me venoient dans l'esprit qu'à l'interêt que je prenois à sa vie.

Je répondis à Monsieur qu'une confession faite dans la vue de la mort, ne pouvoit être que très-utile, & Monsieur m'ordonna de lui aller dire que le Curé de St. Cloud étoit venu. Je le suppliai de m'en dispenser, & je lui dîs que comme elle l'avoit demandé il n'y avoit qu'à le faire entrer dans sa chambre. Monsieur s'approcha de son lit, & d'elle même elle me redemanda un Confesseur, mais sans paroître effrayée, & comme une personne qui songeoit aux seules choses qui lui étoient nécessaires dans l'état où elle étoit.

Une de ses premiéres femmes de Cham-

Chambre étoit passée à son chevet pour la soutenir, elle ne voulut point qu'elle s'otât, & se confessa devant elle; après que le Confesseur se fut retiré, Monsieur s'approcha de son lit; elle lui dît quelques mots assés bas que nous n'entendîmes point, & cela nous parut encore quelque chose de doux & d'obligeant.

L'on avoit fort parlé de la saigner, mais elle souhaitoit que ce fût du pied, Monsieur Esprit vouloit que ce fût du bras; enfin il détermina qu'il le faloit ainsi; Monsieur vint le dire à Madame; comme une chose à quoi elle auroit peut-être de la peine à se résoudre, mais elle répondit qu'elle vouloit tout ce qu'on souhaitoit, que tout lui étoit indifferent, & qu'elle sentoit bien qu'elle n'en pouvoit revenir

nir ; nous écoutions ces paroles comme des effets d'une douleur violente, qu'elle n'avoit jamais sentie, & qui lui faisoit croire qu'elle alloit mourir.

Il n'y avoit pas plus de trois heures qu'elle se trouvoit mal. Gueslin que l'on avoit envoyé querir à Paris, arriva avec Monsieur Valet, qu'on avoit envoyé chercher à Versailles. Si-tôt que Madame vit Gueslin, en qui elle avoit beaucoup de confiance, elle lui dît qu'elle étoit bien aise de le voir, qu'elle étoit empoisonnée, & qu'il la traitât sur ce fondement. Je ne sçai s'il le crut, & s'il fut persuadé qu'il n'y avoit point de remède, ou s'il s'imagina qu'elle se trompoit, & que son mal n'étoit pas dangereux ; mais enfin il agit comme un homme qui n'avoit plus d'esperance, ou qui ne voyoit
point

point de danger. Il consulta avec Monsieur Valet, & avec Monsieur Esprit, & après une conference assés longue, ils vinrent tous trois trouver Monsieur, & l'assûrerent sur leur vie qu'il n'y avoit point de danger. Monsieur vint le dire à Madame, elle lui dît qu'elle connoissoit mieux son mal que le Medécin, & qu'il n'y avoit point de remède; mais elle dît cela avec la même tranquillité, & la même douceur, que si elle eût parlé d'une chose indifférente.

Monsieur le Prince la vint voir, elle lui dît qu'elle se mouroit. Tout ce qui étoit auprès d'elle reprit la parole pour lui dire; qu'elle n'étoit pas en cet état; mais elle témoigna quelque sorte d'impatience de mourir pour être délivrée des douleurs qu'elle souffroit, il sembloit néanmoins que la saignée
l'eût

l'eût soulagée; on la crut mieux, Monsieur Valet s'en retourna à Versailles sur les neuf heures & demie, & nous demeurâmes autour de son lit à causer, la croyant sans aucun péril, on étoit quasi consolé des douleurs qu'elle avoit souffertes, esperant que l'état où elle avoit été serviroit à son racommodement avec Monsieur ; il en paroissoit touché, & Madame d'Espernon & moi, qui avions entendu ce qu'elle avoit dit, nous prenions plaisir à lui faire remarquer le prix de ses paroles.

Monsieur Valet avoit ordonné un lavement avec du Séné, elle l'avoit pris, & quoique nous n'entendissions guéres la Médecine, nous jugions bien néanmoins qu'elle ne pouvoit sortir de l'état où elle étoit que par une évacuation. La nature tendoit à sa fin

fin par en haut, elle avoit des envies continuelles de vomir ; mais on ne lui donnoit rien pour lui aider.

Dieu aveugloit les Médecins, & ne vouloit pas même qu'ils tentaſſent des remèdes capables de retarder une mort, qu'il vouloit rendre terrible. Elle entendit que nous diſions qu'elle étoit mieux, & que nous attendions l'effet de ce remède avec impatience ; cela eſt ſi peu véritable, nous dît elle, que ſi je n'étois pas Chrétienne, je me tuerois, tant mes douleurs ſont exceſſives ; il ne faut point ſouhaiter de mal à perſonne, ajoûta-t-elle, mais je voudrois bien que quelqu'un pût ſentir un moment ce que je ſouffre, pour connoître de quelle nature ſont mes douleurs.

Cependant ce remède ne faiſoit rien, l'inquiétude nous en prît, on
appella

appella Monsieur Esprit, & Monsieur Gueslin, ils dirent qu'il faloit encore attendre; elle répondit que si on sentoit ses douleurs on n'attendroit pas si paisiblement, on fut deux heures entiéres sur l'attente de ce remède, qui furent les derniéres où elle pouvoit recevoir du secours. Elle avoit pris quantité de remèdes; on avoit gâté son lit, elle voulut en changer, & on lui en fit un petit dans sa ruelle; elle y alla sans qu'on l'y portât, & fit même le tour par l'autre ruelle, pour ne pas se mettre dans l'endroit de son lit qui étoit gâté. Lorsqu'elle fut dans ce petit lit, soit qu'elle expirât véritablement, soit qu'on la vit mieux, parce qu'elle avoit les bougies au visage, elle nous parut beaucoup plus mal, les Médecins voulurent la voir de près, & lui appor-

apporterent un flambeau, elle les avoit toûjours fait ôter, depuis qu'elle s'étoit trouvée mal.

Monsieur lui demanda si on ne l'incommodoit point, ah, non Monsieur, lui dit elle, rien ne m'incommode plus, je ne serai pas en vie demain matin, vous le verrez. On lui donna un bouillon, parce qu'elle n'avoit rien pris depuis son dîner ; si-tôt qu'elle l'eut avalé, ses douleurs redoublerent, & devinrent aussi violentes qu'elles l'avoient été, lorsqu'elle avoit pris le verre de chicorrée. La mort se peignit sur son visage, & on la voyoit dans des souffrances cruelles, sans néanmoins qu'elle parût agitée.

Le Roi avoit envoyé plusieurs fois sçavoir de ses nouvelles, & elle lui avoit toûjours mandé qu'elle se mouroit ; ceux qui l'avoient vue lui avoient

avoient dit qu'en effet elle étoit très-mal; & Monsieur de Crequi, qui avoit passé à St. Cloud en allant à Versailles, dît au Roi, qu'il la croyoit en grand péril, desorte que le Roi voulut la venir voir, & arriva à St. Cloud sur les onze heures.

Lorsque le Roi arriva, Madame étoit dans ce redoublement de douleurs, que lui avoit causé le bouillon; il sembla que les Médecins furent éclairés par sa présence, il les prît en particulier pour sçavoir ce qu'ils en pensoient, & ces mêmes Médecins, qui deux heures auparavant en répondoient sur leur vie, & qui trouvoient que les extrèmités froides n'étoient qu'un accident de la colique, commencerent à dire qu'elle étoit sans esperance, que cette froideur & ce poux retiré étoient une marque de Cangrene, &

& qu'il faloit lui faire recevoir notre Seigneur.

La Reine, & la Comtesse de Soissons étoient venues avec le Roi; Madame de la Valiére & Madame de Montespan étoient venues ensemble; je parlois à elle, Monsieur m'appella, & me dît en pleurant ce que ces Médecins venoient de dire; je fus surprise & touchée comme je le devois, & je répondis à Monsieur que les Médecins avoient perdu l'esprit, & qu'ils ne pensoient ni à sa vie, ni à son salut, qu'elle n'avoit parlé qu'un quart d'heure au Curé de St. Cloud, & qu'il faloit lui envoyer quelqu'un, Monsieur me dît qu'il alloit envoyer chercher Monsieur de Condom, je trouvai qu'on ne pouvoit mieux choisir, mais qu'en attendant il faloit avoir Monſieur Feuillet Chanoine dont le mérite eſt connu.

Cependant le Roi étoit auprès de Madame. Elle lui dît qu'il perdoit la plus véritable ſervante qu'il auroit jamais ; il lui dît qu'elle n'étoit pas en ſi grand péril, mais qu'il étoit étonné de ſa fermeté, & qu'il la trouvoit grande ; elle lui repliqua qu'il ſçavoit bien qu'elle n'avoit jamais craint la mort ; mais qu'elle avoit craint de perdre ſes bonnes graces.

Enſuite le Roi lui parla de Dieu ; il revint après dans l'endroit où étoient les Médecins ; il me trouva deſeſperée de ce qu'ils ne lui donnoient point de remèdes, & ſur tout l'émetique ; il me fit l'honneur de me dire qu'ils avoient perdu la tramontane, qu'ils ne ſçavoient ce qu'ils faiſoient, & qu'il alloit eſſayer de leur remet-

remettre l'Esprit. Il leur parla, & se rapprocha du lit de Madame, & lui dît qu'il n'étoit pas Médecin, mais qu'il venoit de proposer trente remèdes aux Médecins, ils répondirent qu'il faloit attendre. Madame prit la parole & dît qu'il faloit mourir par les formes.

Le Roi voyant que selon les apparences il n'y avoit rien à esperer, lui dît adieu en pleurant. Elle lui dît qu'elle le prioit de ne point pleurer, qu'il l'attendrissoit, & que la premiére nouvelle qu'il auroit le lendemain seroit celle de sa mort.

Le Maréchal de Grammont s'approcha de son lit. Elle lui dît qu'il perdoit une bonne amie, qu'elle alloit mourir, & qu'elle avoit cru d'abord être empoisonnée par méprise.

Lors-

Lorsque le Roi se fut retiré, j'étois auprès de son lit, elle me dît Madame de la Fayette mon nez s'est déja retiré, je ne lui répondis qu'avec des larmes, car ce qu'elle me disoit étoit véritable, & je n'y avois pas encore pris garde; on la remit ensuite dans son grand lit, le hoquet lui prit. Elle dît à Monsieur Esprit, que c'étoit le hoquet de la mort; elle avoit déja demandé plusieurs fois quand elle mourroit, elle le demandoit encore, & quoiqu'on lui répondît comme à une personne qui n'en étoit pas proche, on voyoit bien qu'elle n'avoit aucune esperance.

Elle ne tourna jamais son esprit du côté de la vie, jamais un mot de reflection sur la cruauté de sa destinée qui l'enlevoit dans le plus beau de son âge, point de questions

tions aux Médecins pour s'informer s'il étoit possible de la sauver, point d'ardeur pour les remèdes, qu'autant que la violence de ses douleurs lui en faisoit désirer, une contenance paisible au milieu de la certitude de la mort, de l'opinion du poison, & de ses souffrances qui étoient cruelles; enfin un courage dont on ne peut donner d'exemple, & qu'on ne sçauroit bien representer.

Le Roi s'en alla, & les Médecins déclarerent qu'il n'y avoit aucune esperance. Monsieur Feuillet vint, il parla à Madame avec une austérité entiére; mais il la trouva dans des dispositions qui alloient aussi loin que son austérité. Elle eut quelque scrupule que ses Confessions passées n'eussent été nulles, & pria Monsieur Feuillet de lui aider à en faire une génerale; Elle la fit
avec

avec de grands sentimens de piété, & de grandes résolutions de vivre en Chrétienne, si Dieu lui redonnoit la santé.

Je m'approchai de son lit après sa confession; Monsieur Feuillet étoit auprès d'elle, & un Capucin son Confesseur ordinaire ; ce bon Pere vouloit lui parler, & se jettoit dans des discours qui la fatiguoient : elle me regarda avec des yeux qui faisoient entendre ce qu'elle pensoit, & puis les retournant sur ce Capucin, laissez parler Monsieur Feuillet mon Pere, lui dit elle, avec une douceur admirable, comme si elle eût craint de le fâcher, vous parlerez à votre tour.

L'Ambassadeur d'Angleterre ariva dans ce moment, si-tôt qu'elle le vit, elle lui parla du Roi son Frere, & de la douleur qu'il auroit de sa mort;

mort; elle en avoit déja parlé plusieurs fois dans le commencement de son mal. Elle le pria de lui mander qu'il perdoit la personne du monde qui l'aimoit le mieux, ensuite l'Ambassadeur lui demanda si elle étoit empoisonnée ; je ne sçai si elle lui dît qu'elle l'étoit, mais je sçai bien qu'elle lui dît, qu'il n'en faloit rien mander au Roi son Frere, qu'il faloit lui épargner cette douleur, & qu'il faloit sur tout qu'il ne songeât point à en tirer vengeance, que le Roi n'en étoit point coupable, qu'il ne faloit point s'en prendre à lui.

Elle disoit toutes ces choses en Anglois, & comme le mot de poison est commun à la langue Françoise & à l'Angloise, Monsieur Feuillet l'entendit, & interompit la conversation, disant qu'il faloit sacrifier sa vie à Dieu, & ne pas penser à autre chose.

Elle reçut notre Seigneur, ensuite Monsieur s'étant retiré, elle demanda si elle ne le verroit plus, on l'alla querir; il vint l'embrasser en pleurant, elle le pria de se retirer, & lui dît qu'il l'attendrissoit.

Cependant elle diminuoit toûjours, & elle avoit de tems en tems des foiblesses qui attaquoient le Coeur. Monsieur Brager excellent Médecin arriva. Il n'en desespera pas d'abord, il se mit à consulter avec les autres Médecins, Madame les fit appeller, ils dirent qu'on les laissât un peu ensemble ; mais elle les renvoya encore querir, ils allerent auprès de son lit ; on avoit parlé d'une saignée au pied, si on la veut faire, dît elle, il n'y a pas de tems

tems à perdre, ma tête s'embarasse, & mon estomac se remplit.

Ils demeurerent surpris d'une si grande fermeté, & voyant qu'elle continuoit à vouloir la saignée, ils la firent faire ; mais il ne vint point de sang, & il en étoit très peu venu de la premiere qu'on avoit faite. Elle pensa expirer pendant que son pied fut dans l'eau, les Médecins lui dirent qu'ils alloient faire un remède ; mais elle répondit qu'elle vouloit l'extrême onction avant que de rien prendre.

Monsieur de Condom arriva comme elle la recevoit ; il lui parla de Dieu, conformément à l'état où elle étoit, & avec cette éloquence, & cet esprit de religion, qui paroît dans tous ses discours; il lui fit faire les actes qu'il jugea nécessaires, elle entra dans tout ce qu'il lui dît, avec un zèle & une présence d'esprit admirable.

Comme il parloit, sa premiére femme de Chambre s'approcha d'elle, pour lui donner quelque chose dont elle avoit besoin, elle lui dît en Anglois, afin que Monsieur de Condom, ne l'entendît pas, conservant jusqu'à la mort la politesse de son esprit, donnez à Monsieur de Condom, lorsque je serai morte, l'émeraude que j'avois fait faire pour lui.

Comme il continuoit à lui parler de Dieu, il lui prit une espèce d'envie de dormir, qui n'étoit en effet qu'une deffaillance de la Nature. Elle lui demanda si elle ne pouvoit pas prendre quelques momens de repos, il lui dît qu'elle
le

le pouvoit, & qu'il alloit prier Dieu pour elle.

Monsieur Feuillet demeura au chevet de son lit, & quasi dans le même moment, Madame lui dît de rappeller Monsieur de Condom, & qu'elle sentoit bien qu'elle alloit expirer. Monsieur de Condom se rapprocha, & lui donna le Crucifix, elle le prît & l'embrassa avec ardeur; Monsieur de Condom lui parloit toûjours, & elle lui répondoit avec le même jugement, que si elle n'eût pas été malade, tenant toûjours le Crucifix attaché sur sa bouche, la mort seule le lui fit abandonner. Les forces lui manquerent, elle le laissa tomber, & perdit la parole & la vie quasi en même-tems; son agonie n'eut qu'un moment, & après deux ou trois petits mouvemens convulsifs dans la bouche, elle expira à deux heures & demie du matin, & neuf heures après avoir commencé à se trouver mal.

On a cru faire plaisir au Lecteur d'ajoûter à cette Histoire les pieces suivantes.

à Paris le 30. Juin. 1670. à 4 heures du matin.

* MYLORD

JE suis bien fâché de me voir dans l'obligation, en vertu de mon emploi, de vous rendre compte de la plus triste avanture du monde. *Madame* étant à *Saint Clou*, le 29. du Courant, avec beaucoup de Compagnie, demanda, sur les cinq heures du soir, un verre d'eau de chicorée, qu'on lui avoit ordonné de boire, parce qu'elle s'étoit trouvée indisposée pendant deux ou trois jours, après s'ê-

* Cette Lettre est écrite au Comte d'Arlington alors Secretaire d'Etat de Charles II. Roi d'Angleterre, par Monsieur Montaigu son Ambassadeur à Paris, mort depuis Duc de Montaigu.

tre baignée. Elle ne l'eut pas plutôt bu, qu'elle s'écria qu'elle étoit morte, & tombant entre les bras de Madame de *Mekelbourg*, elle demanda un Confesseur. Elle continua dans les plus grandes douleurs qu'on puisse s'imaginer, jusqu'à trois heures du matin, qu'elle rendit l'esprit. Le Roi, la Reine, & toute la Cour resterent auprès d'elle jusqu'à une heure avant sa mort. Dieu veuille donner de la patience & de la constance au Roi notre Maître pour supporter une affliction de cette nature. *Madame* a déclaré en mourant qu'elle n'avoit nul autre regret en sortant du Monde, que celui que lui causoit la douleur qu'en recevroit le Roi son Frere; s'étant trouvée un peu soulagée de ses grandes douleurs, que les Medecins

cins nomment *Colique bilieuse*, elle me fit appeller, pour m'ordonner de dire de sa part les choses du monde les plus tendres, au Roi & au Duc de *York* ses Freres. J'arrivai à *Saint Clou* une heure après qu'elle s'y fut trouvée mal, & je restai jusqu'à sa mort auprès d'elle. Jamais personne n'a marqué plus de piété, & de résolution que cette Princesse, qui a conservé son bon sens jusqu'au dernier moment. Je me flatte que la douleur où je suis vous fera excuser les imperfections que vous trouverez dans cette relation. Je suis persuadé que tous ceux qui ont eu l'honneur de connoître *Madame*, partageront avec moi l'affliction que doit causer une perte pareille. Je suis

Mylord, &c.

Extrait d'une * *Lettre écrite de Whitehall le* † *28 Juin 1670.*

MYLORD

JE vous ai écrit toutes les nouvelles que nous avons ici, à l'exception de celle de la mort de *Madame*, dont le Roi est extrèmement affligé, aussi bien que toutes les personnes qui ont eu l'honneur de la connoître à *Douvres*. Les brouilleries de ses Domestiques, & sa mort subite, nous avoient d'abord fait croire qu'elle avoit été empoisonnée : mais la connoissance qu'on nous a donnée depuis, du soin qu'on a pris d'examiner son Corps, & les sentimens que nous apprenons qu'en a sa Majesté *Très-Chrétienne*, laquelle a
interêt

---

* *Cette Lettre fut écrite par le Comte d'Arlington à Monsieur le Chevalier Temple alors Ambassadeur d'Angleterre, à la Haye.* † *V. Stile.*

intérêt d'examiner cette affaire à fond, & qui est persuadée qu'elle est morte d'une mort naturelle, a levé la plus grande partie des soupçons que nous en avions. Je ne doute pas que Monsieur le Maréchal de Bellefonds, que j'apprens qui vient d'arriver, avec ordre de donner au Roi, une relation particuliere de cet accident fatal, & qui nous apporte le procez verbal de la mort de cette Princesse, & de la dissection de son Corps, signé des principaux Médecins & Chirurgiens de *Paris*, ne nous convainque pleinement, que nous n'avons rien à regretter que la perte de cette admirable Princesse, sans qu'elle soit accompagnée d'aucunes circonstances odieuses, pour rendre notre douleur moins supportable.

a Pa-

Histoire de Madame

à Paris le 6 Juillet 1670.

* MYLORD,

J'Ai reçu les lettres de votre Grandeur, celle du 17 Juin par Monsieur le Chevalier *Jones*, & celle du 23. par la Poste. Je suppose que Monsieur le Maréchal de *Bellefonds* est arrivé à *Londres*; outre le compliment de Condoleance qu'il va faire au Roi, il tâchera, à ce que je croi, de desabuser notre Cour de l'opinion que *Madame* ait été empoisonnée; dont on ne pourra jamais desabuser celle-ci, ni tout le peuple. Comme cette Princesse s'en est plainte plusieurs fois dans ses plus grandes douleurs, il ne faut pas s'étonner que cela fortifie le peuple dans la croyance qu'il en a. Toutes les fois que j'ai pris la liberté de la presser

* *Cette Lettre est de Monsr. Montaigu Ambassadeur d'Angleterre, au Comte d'Arlington.*

presser de me dire si elle croyoit qu'on l'eût empoisonnée, elle ne m'a pas voulu faire de réponse ; voulant à ce que je crois, épargner une augmentation si sensible de douleur au Roi notre Maître. La même raison m'a empêché d'en faire mention dans ma premiere lettre : outre que je ne suis pas assez bon Médecin pour juger si elle a été empoisonnée ou non. L'on tâche ici de me faire passer pour l'Auteur du bruit qui en court ; je veux dire *Monsieur*, qui se plaint que je le fais, pour rompre la bonne intelligence qui est établie entre les deux Couronnes.

Le Roi & les Ministres ont beaucoup de regret de la mort de *Madame*, car ils esperoient qu'à sa considération ils engageroient le Roi notre Maître, à condescendre à des choses, & à contracter une amitié avec cette

cette Couronne, plus étroite qu'ils ne croient pouvoir l'obtenir à preſent. Je ne prétends pas examiner, ce qui s'eſt fait à cet égard, ni ce qu'on prétendoit faire, puiſque Votre Grandeur n'a pas jugé à propos de m'en communiquer la moindre partie: Mais je ne ſçaurois m'empêcher de ſçavoir ce qui s'en dit publiquement, & je ſuis perſuadé que l'on ne refuſera rien ici que le Roi notre Maître puiſſe propoſer, pour avoir ſon amitié; & il n'y a rien de l'autre côté que les *Hollandois* ne faſſent, pour nous empêcher de nous joindre à la *France*. Tout ce que je ſouhaite de ſçavoir, *Mylord*, pendant que je ſerai ici, eſt le langage dont je me dois ſervir en converſation avec les autres Miniſtres; afin de ne point paſſer pour ridicule avec le Caractere dont je ſuis

suis revêtu. Pendant que *Madame* étoit en vie, elle me faisoit l'honneur de se fier assez à moi, pour m'empêcher d'être exposé à ce malheur.

Je suis persuadé, que pendant le peu de tems que vous l'avez connue en *Angleterre*, vous l'avés assez connue pour la regretter tout le tems de votre vie; & ce n'est pas sans sujet. Car personne n'a jamais eu meilleure opinion de qui que ce soit, en tous égards, que celle que cette Princesse avoit de vous. Et je crois qu'elle aimoit trop le Roi son Frere, pour marquer la considération qu'elle faisoit paroître en toutes sortes d'occasions pour vous, depuis qu'elle a vêcu en bonne intelligence avec vous, si elle n'eût été persuadée que vous le serviez trés-bien & trés-fidellement. Quand à moi j'ai fait une

si

si grande perte, par la mort de cette Princesse, que je n'ai plus aucune joie dans ce Païs ici, & je croi que je n'en aurai plus jamais en aucun autre. Madame, après m'avoir tenu plusieurs discours pendant le cours de son mal, lesquels n'étoient remplis que de tendresse pour le Roi notre Maître, me dît à la fin qu'elle étoit bien fâchée de n'avoir rien fait pour moi avant sa mort, en échange du zèle & de l'affection, avec laquelle je l'avois servie depuis mon arrivée ici, elle me dît qu'elle avoit six milles Pistoles dispersées en plusieurs endroits, qu'elle m'ordonnoit de prendre pour l'amour d'elle; je lui répondis qu'elle avoit plusieurs pauvres domestiques, qui en avoient plus de besoin que moi; Que je ne l'avois jamais servie par in-

intérêt, & que je ne voulois pas absolument les prendre ; mais que s'il lui plaisoit de me dire, auxquels elle souhaitoit de les donner, je ne manquerois pas de m'en acquiter très-fidellement, elle eut assez de presence d'esprit pour les nommer par leurs noms. Cependant elle n'eut pas plutôt rendu l'esprit, que *Monsieur* se saisit de toutes ses Clefs, & de son Cabinet. Je demandai le lendemain à une de ses femmes, où étoit cet argent ? Laquelle me dit qu'il étoit en un tel endroit. C'étoit justement les premieres six-mille Pistoles que le Roi notre Maître lui avoit envoyées. Dans le tems que cet argent arriva, elle avoit dessein de s'en servir pour retirer quelques joiaux, qu'elle avoit engagez en attendant cette somme. Mais le Roi de *France*, la lui avoit déja donnée deux jours avant que celle-ci arrivât, de sorte qu'elle avoit gardé toute la somme, que le Roi son Frere lui avoit envoyée.

Sur cela j'ai demandé la dite somme à *Monsieur*, comme m'appartenant, & que l'aiant prêtée à *Madame*, deux de mes domestiques l'avoient remise entre les mains de deux de ses femmes, lesquelles en ont rendu témoignage à ce Prince; car elles ne savoient pas que ç'avoit été par ordre du Roi notre Maître. *Monsieur* en avoit déja emporté la moitié, & l'on m'a rendu le reste. J'en ai disposé en faveur des domestiques de *Madame*, selon les ordres qu'elle m'en avoit donné, en presence de Monsieur l'Abbé de *Montaigu*, & de deux autres témoins; *Monsieur* m'a promis

mis de me rendre le reste, que je ne manquerai pas de distribuer entr'eux de la même maniere. Cependant s'ils n'ont l'esprit de le cacher, *Monsieur* ne manquera pas de le leur ôter, dès que cela parviendra à sa connoissance. Je n'avois nul autre moyen de l'obtenir pour ces pauvres gens-là, & je ne doute pas que le Roi n'aime mieux qu'ils en profitent que *Monsieur.* Je vous prie de l'apprendre au Roi pour ma décharge, & que cela n'aille pas plus loin. Monsieur le Chevalier *Hamilton* en a été témoin avec Monsieur l'Abbé de *Montaigu.* J'ai crû qu'il étoit nécessaire de vous faire cette relation. Je suis, Mylord, &c.

P. S. Depuis ma lettre écrite, je viens d'apprendre de très-bonne part, & d'une personne qui est dans la confidence de *Monsieur*, qu'il n'a pas voulu delivrer les papiers de *Madame*, à la requête du Roi, avant que de se les être fait lire & interpreter par Monsieur l'Abbé de *Montaigu*; & même que ne se fiant pas entierement à lui, il a employé pour cet effet d'autres personnes qui entendent la langue, & entr'autres Madame de *Fienne*, de sorte que ce qui s'est passé de plus secret entre le Roi & *Madame*, est & sera publiquement connu de tout le monde. Il y avoit quelque chose en Chifre, qui l'embarrasse fort, & qu'il prétend pourtant deviner. Il se plaint extrèmement du Roi notre Maître, à l'égard de la correspondance qu'il entretetretenoit avec *Madame*, & de ce qu'il traitoit d'affaires avec elle à son infçu. J'efpere que Monfieur l'Abbé de *Montaigu* vous en donnera une relation plus particuliere que je ne le puis faire: Car quoique *Monfieur* lui ait recommandé le fecret à l'égard de tout le monde, il ne fauroit s'étendre jufqu'à vous, fi les affaires du Roi notre Maître y font intereffées.

à Paris le 15 Juillet 1670.

AU ROI
SIRE

JE dois commencer cette lettre en suppliant très-humblement votre Majesté de me pardonner la liberté que je prens de l'entretenir sur un si triste sujet, & du malheur que j'ai eu d'être témoin de la plus cruelle & de la plus genereuse mort, dont on ait jamais oui parler. J'eus l'honneur d'entretenir *Madame* assez long-tems le samedi, jour précédent de celui de sa mort. Elle me dît qu'elle voyoit bien qu'il étoit impossible qu'elle pût jamais être heureuse avec *Monsieur*, lequel s'étoit emporté contr'elle plusque jamais, deux jours auparavant, à *Versailles*, où il l'avoit trouvée dans une conference secrette

Cette Lettre est écrite par M. Montaigu à Charles II Roi d'Angleterre.

te avec le Roi, sur des affaires qu'il n'étoit pas à propos de lui communiquer. Elle me dît que votre Majesté & le Roi de *France*, aviez résolu de faire la guerre à la *Hollande*, dès que vous seriez demeurez d'accord de la maniere dont vous la deviez faire. Ce sont là les dernieres paroles que cette Princesse me fit l'honneur de me dire avant sa maladie, car *Monsieur* étant entré dans ce moment nous interrompit, & je m'en retournai à Paris. Le lendemain, lors qu'elle se trouva mal, elle m'appella deux ou trois fois, & Madame de *Mekelbourg* m'envoya chercher. Dès qu'elle me vit, elle me dît, vous voyez le triste état où je suis, je me meurs. Helas que je plains le Roi mon Frere! Car je suis assurée qu'il va perdre la personne du monde

monde qui l'aime le mieux ; elle me rappella un peu après, & m'ordonna de ne pas manquer de dire au Roi son Frere les choses du monde les plus tendres de sa part, & de le remercier de tous ses soins pour elle. Elle me demanda ensuite si je me souvenois bien de ce qu'elle m'avoit dit le jour precedent, des intentions qu'avoit votre Majesté de se joindre à la *France* contre la *Hollande* : je lui dît qu'oui, surquoi elle ajoûta, je vous prie de dire à mon Frere, que je ne lui ai jamais persuadé de le faire par interêt, & que ce n'étoit que parce que j'étois convaincue que son honneur & son avantage y étoient également interessez. Car je l'ai toûjours aimé plus que ma vie, & je n'ai nul autre regret en la perdant que celui de le quitter. Elle m'appella plusieurs fois

fois pour me dire de ne pas oublier de vous dire cela, & me parla en *Anglois*. Je pris alors la liberté de lui demander si elle ne croyoit pas qu'on l'eût empoisonnée : son Confesseur, qui étoit present, & qui entendit ce mot là, lui dît, Madame, n'accusez personne, & offrez à Dieu votre mort en sacrifice ; cela l'empêcha de me répondre, & quoique je lui fisse plusieurs fois la même demande, elle ne me répondit qu'en levant les épaules. Je lui demandai la cassette où étoient toutes ses lettres, pour les envoyer à votre Majesté, & elle m'ordonna de les demander à Madame de *Borde*, laquelle s'évanouissant à tout moment, & mourant de douleur de voir sa Maitresse en un état si déplorable, *Monsieur* s'en saisit avant qu'elle pût revenir à elle. Elle m'ordonna de prier votre Majesté d'assister tous ses pauvres domestiques, & d'écrire à Mylord *Arlington* de vous en faire souvenir: Elle ajoûta à cela, dites au Roi mon Frere que j'espere qu'il fera pour lui, pour l'amour de moi, ce qu'il m'a promis; car c'est un homme qui l'aime, & qui le sert bien. Elle dît plusieurs choses ensuite tout haut en *François*, plaignant l'affliction qu'elle savoit que sa mort donneroit à votre Majesté. Je supplie encore une fois votre Majesté de pardonner le malheur, où je me trouve reduit de lui apprendre cette fatale nouvelle; puis que de tous ses Serviteurs, il n'y en a pas un seul, qui souhaite avec plus de passion & de sincerité son bonheur & sa satisfaction que celui.

  SIRE qui est,
   de votre Majesté, &c.
       à Pa-

à Paris le 15 Juillet 1670.
MYLORD

SElon les ordres de votre Grandeur, je vous envoye la Bague, que *Madame* avoit au doigt en mourant, laquelle vous aurez, s'il vous plait, la bonté de presenter au Roi. J'ai pris la liberté de rendre conte au Roi moi même de quelques choses que *Madame* m'avoit chargé de lui dire, étant persuadé que la modestie n'auroit pas permis à votre Grandeur de les dire au Roi, parce qu'elles vous touchent de trop près. Il y a eu depuis la mort de *Madame*, comme vous pouvez bien vous l'imaginer dans une occasion pareille, plusieurs bruits divers. L'opinion la plus generale est, qu'elle a été empoisonnée, ce qui inquié-

Lettre de Mr. Montaigu à Mylord Arlington.

inquiéte le Roi & les Ministres au dernier point. J'en ai été saisi d'une telle maniere, que j'ai eu à peine le cœur de sortir depuis ; cela joint aux bruits qui courent par la Ville, du ressentiment que témoigne le Roi notre Maître d'un attentat si rempli d'horreur, qu'il a refusé de recevoir la lettre de *Monsieur*, & qu'il m'a ordonné de me retirer, leur fait conclurre, que le Roi notre Maître est mécontent de cette Cour, au point qu'on le dit ici. De sorte que quand j'ai été à *St. Germain*, d'où je ne fais que revenir, pour y faire les plaintes que vous m'avez ordonné d'y faire, il est impossible d'exprimer la joye qu'on y a reçue d'apprendre que le Roi notre Maître commence à s'appaiser, & que ces bruits n'ont fait aucune impression sur

son

son esprit au prejudice de la *France*; je vous marque cela, Mylord, pour vous faire connoître à quel point l'on estime l'union de l'*Angleterre* dans cette conjoncture, & combien l'amitié du Roi est nécessaire à tous leurs desseins : je ne doute pas qu'on ne s'en serve à la gloire du Roi, & pour le bien de la Nation. C'est ce que souhaite avec passion la personne du monde qui est avec le plus de sincerité.

Mylord, &c.

MYLORD

JE ne suis guere en état de vous écrire moi-même, étant tellement incommodé d'une chute que j'ai faite en venant, que j'ai peine à remuer le bras & la main. J'espere pourtant de me trouver en état, dans un jour ou deux, de me rendre à *St. Germain. Je n'écris presentement que pour rendre conte* à *votre Grandeur d'une chose, que je crois pourtant que vous saurez déja;* C'est que l'on a permis au Chevalier de Lorraine, *de venir à la Cour, & de servir à l'Armée en qualité de Maréchal de Camp.*

{ en Chifre.

Si *Madame* a été empoisonnée, comme la plus grande partie du Monde le croit, toute la *France* le regarde comme son Empoisonneur;

Lettre de Mr. Montaigu à Mylord Arlington.

neur, & s'etonne avec raison que le Roi de *France* ait si peu de considération pour le Roi notre Maître, que de lui permettre de revenir à la Cour, veu la maniere insolente dont il en a toûjours usé envers cette Princesse pendant sa vie. Mon devoir m'oblige à vous dire cela ; afin que vous le fassiez savoir au Roi ; & qu'il en parle fortement à l'Ambassadeur de France, s'il le juge à propos, car je puis vous assurer que c'est une chose qu'il ne sauroit souffrir sans se faire tort.

CATALOGUE

des Livres qui se trouvent à Amsterdam, chez

MICHEL CHARLES LE CENE.

A.

Abregé de la Méthode Latine de Mrs. de Port Royal, 8.

Academie Galante, contenant plusieurs Histoires très-divertissantes, 2 vol. 12

Achille, Opera de Lully en Musique.

Actions Héroïques de Philippe II. 12.

Alix de France nouvelle Galante, 12

Amours des Grands Hommes, par Mad. de Villedieu, 12

Amusemens Serieux & Comiques 12.

Analogie de la Langue Latine, à l'usage de Mr. le Dauphin, 8.

Les Apostats, Sermon, 8.

Apologie de l'Amour divin, ou Réponse aux Maximes des Saints de Mr. Fenelon Archevêque de Cambrai, 8.

Apulée, de l'esprit familier de Socrate, 12.

Architecture de Vignole, 4.

Architecture de Blondel, folio.

Art de vivre content par l'Auteur de la Pratique des vertus Chrétiennes 12.

Art de jetter les Bombes, par Blondel, 4.

CATALOGUE, &c.

Art de connoître les Hommes, par M. de Bellegarde, 12.

Athalie Tragedie, avec les chœurs mis en Musique, 4.

Augustini (Leonardi) Gemmæ Antiquæ ex versione Gronovii, 4.

Augustini (S.) Opera; folio 12. *vol.*

Avantures nouvelles de Don Quixotte de la Manche, 2 vol. 12.

Abregé du Théâtre Italien.

Agnes de Castro, 12.

Amerique Angloise ou Histoire des Terres que les Anglois possedent dans l'Amerique, 12.

les Amours de Psiché & de Cupidon par Mr. de la Fontaine, 12

Bible in Folio imprimée à Amsterdam en 1702.

Bilibra Veritatis, 8.

Biblia Hebraica Leusdeni, 8.

Bouquet d'Eden edition très-ample 8. Berlin.

Belles Grècques ou Histoire des fameuses Courtisanes de la Grece, 12.

Boëthius de consolatione Philosophiæ, 32.

Cadmus Opera de Lully en Musique.

Carte du Monde ou Planisphere en grand, composée de diverses feuilles qui se colent ensemble.

La connoissance du Monde ou l'Art d'é-

CATALOGUE

d'élever la jeuneſſe, 12.

Cardinaliſmo di Sta. Chieſa, 12.

Catechiſme de Mr. Drelincourt, 8

Cantiques de l'Ecriture Ste. en Sonnets par M. Conſtantin de Renneville, 8.

Cabinet des Fées, 8 vol. compl. idem, 2 vol. 12.

Q. Curtius, 24.

— Calviniſme & Papisme mis en Paralle ou Apologie pour les Reformateurs pour la Reformation & pour les Reformés pas Mr. Jurieu, 2 vol 4.

Civilité Françoiſe avec le Traité du Point d'Honneur, 2 vol. 12.

Chaine d'or pour tirer les pecheurs au ciel, 8.

Cotterie des antifaçoniers, 12.

Conſiderations ſur Mr. de Bruis, 12

Curioſités de Paris, de Verſailles, de Marly de Vincennes de St. Cloud & des environs par Mr. L. R. 12. fig. 2 vol.

Chevaliers Errants, Contes des Fées, par Mlle. D. *** 12.

Chirurgien de l'Hôpital, nouvelle édition augmentée conſiderablement, chez Etienne Roger, 12.

Choſes Memorables & Vie de Socrate, 8.

Clefs du Cabinet des Princes, 8.

Cellarii Julius Cæſar, 21.

Colloques de Cordier Latin & François, 12.

DES LIVRES.

Comparaisons des Grands Hommes du P. Rapin, 2 vol. 12.

Comte de Gabalis, 12.

Conduite de la Providence, 12.

Confessio & Catechesis Ecclesiarum Belgicarum Græce Latine, 12.

Confiturier François, 12.

Conjectures de Physique & autres ouvrages de Mr. Hartsoeker, 4.

Conseils & moyens pour vivre cent ans, 12.

Contre impromptu de Namur Comedie, 12.

Continuation de l'Histoire Universelle de Mr. Jaques Benigne Bossuet Evêque de Meaux, contenant ce qui s'est passé de plus considerable depuis l'année 800. jusqu'à la Paix d'Utrecht incluse, avec les traitez de Paix, 2. vol. 12.

Contes Turcs, ou Histoire de la Sultane de Perse, 12.

Contes des Fées par Mlle. D*** 12.

Conversations sur la Religion, 12.

Cornelius Nepos, 24.

Coups imprevûs de l'amour & du hazard, 12.

Cours de Mathématique par Blondel, 4.

Critique des Loteries, 12.

Cuisinier François, 12.

CATALOGUE, &c.

Des **D**ames Vangées Comedie, 12
Description de Macassar, 8.
Description de l'Ile Formosa en Asie, du Gouvernement, des Loix, des Mœurs & de la Religion des habitans, dressée sur les Memoires du Sr. George Psalmannazaar natif de cette Ile; Avec une ample & exacte Relation de ses Voyages, 12.
Devoirs d'un Gentilhomme ou des Personnes qui sont nées avec du Bien, ou qui en ont aquis, par l'Auteur de la Pratique des Vertus Chrétiennes 12.
Devoirs des Dames ou des Personnes qui sont nées avec du bien, ou qui en ont aquis, par l'Auteur de la Pratique des Vertus Chrétiennes, 12.
Devoirs des Maîtres & des Domestiques par Mr. l'Abbé Fleuri, 12.
Diable Borgne & Boitteux, ou divers entretiens entre deux Diables, sur divers Sujets 12.
Dialogues des Morts par Mr. de Fontenelle 8.
Dialogues sur les Matiéres du Tems par Mr. Tronchin du Breuil 8.
Dialogues Politiques 2 vol. 12.
Dictionaire des Antiquitez Grècques & Latines de Mr. l'Abbé Danet 4.
Dictionnaire de Musique contenant tant l'Histoire de la Musique que tout ce

qui

DES LIVRES

qui la concerne, 8.

Dictionarium linguæ Perfarum, folio.

Defence du Droit de la maifon d'Autriche, 12.

Dictionaire des Drogues fimples par Nicolas Lemery 3. Edit. 4.

Dictionaire Comique, Satyrique, Critique, Burlefque Libre & Proverbial par Philibert Jofeph le Roux, 8.

Dictionaris van Giron, Duits en Italiaans, en Italiaans en Duits, in 4. 2. deelen.

Difcours fur l'Hiftoire Univerfelle contenant ce qui s'eft paffé de plus confiderable depuis la naiffance du Monde jufques à prefent par Mr. J. B. Boffuet, 3 vol. 12.

Differtation fur la Legion Thebéenne ou modèle de Critique fur un fait douteux, 12.

Differtation fur la Nouriture des Os, 12. Paris.

Difcours fur le Commerce traduit de l'Anglois, 8.

Du grand & du Sublime, 12.

Differtation fur les Oeuvres de St. Evremont, 8.

Divorce Celefte nouvelle traduction, 12.

l'Education parfaite par Mr. de Bellegarde, 12.

Elemens d'Euclide de deChales avec les fig. très-bien & très correctement gravées, 12.

CATALOGUE

Emanuel ou la vie de N. S. Jesus-Christ en vers, 8.

Elements ou Principes de Musique avec la Maniére du chant, propres à aprendre la Musique à un homme par la lecture, 8.

Entretiens d'Ariste & d'Eugene par le P. Bouhours, 12.

Entretiens des Voyageurs sur la Mer ou le Roman Chrêtien, contenant l'Histoire de Melle. de S. Phale & plusieurs autres très instructives & très-divertissantes, 4. vol. 12.

Entretiens sur la Correspondance de l'Eglise Anglicane avec les Eglises Reformées, par où l'on voit la différence qu'il y a entre l'Eglise Anglicane & la Presbiterienne, 12.

Entretiens du pere Bouhours & du pere Menestrier sur diverses matiéres importantes, 12. 3. vol.

Entretiens sur divers Sujets d'Histoire & de Litterature par Mr. de la Crose, 12.

Entretiens sur la Pluralité des Mondes par Mr. de Fontenelle, nouvelle edition augmentée considerablement, 12.

l'Epée de Gedeon Sermon de Mr. Ar. Dubourdieu, 8.

Epicteti enchiridion, 24.

Esprit du Clergé de France, 12.

Essai sur le Socinianisme par Mr. Menard, 8.

Etat

Etat presént de la puissance Ottomane, 12.
Etat du Siége de Rome avec la maniére de s'avancer en cette Cour, 3 vol. 12.
Eutropius & Aurelius Victor, 18.
Examen des septantes Semaines de Daniel, du Voeu de Jephté, s'il tue sa fille ou non, & de la deffense faite par les Apôtres aux Chrêtiens de manger du Sang, 12.
Examen des Esprits par le Docteur Huart, 12.
Examen du Traité de la Liberté de Mr. de la Placette, 2 vol. 12.
Etat de Dannemark ou Memoires de Molesworth, 8.
Espion Turc dans les Cours des Princes Chrêtiens, 6 vol. 12.

Fables d'Esoppe avec la Morale de Baudouin, 12. fig.
Fables d'Esoppe avec la Morale de Bellegard, 12. fig.
Fables de la Fontaine, 12.
Fables d'Esoppe & de plusieurs autre excellens Mythologistes accompagnées du Sens Moral & des Reflexions de Mr. le Chevalier Lestrange. Avec les figures dessinées & gravées par F. Barlouw d'une maniére Sçavante & Pittoresque. Ouvrage très-utile aux Peintres, Sculpteurs, Graveurs & autres Artistes ou Amateurs du Dessein qui

CATALOGUE

y trouveront des Animaux & des Oiseaux deffinez d'un goût exquis & d'une touche Sçavante, 4.

- La Fauffe Clelie, ou Hiftoires Françoifes Galantes & comique, 12.

Les Fées Contes des Contes par Mlle. D. *** 12.

- La Foire de Bezons Comedie, 12.

Fauffeté des Vertus Humaines par Mr. Efprit, 12.

- Les Femmes Sçavantes ou Bibliothèque des Dames avec l'Hiftoire de celles qui ont excellé dans les Sciences, 12.

G*Auffeni Differtationes*, 8.
Géographie Hiftorique par Mr. la Forêt Bourgon, 2 vol. 8 paris.

Geographie Pratique contenant outre les inftructions propres à rendre une perfonne affez habile pour dreffer lui-même des Cartes, un moyen certain de trouver la longitude en quelqu'endroit du monde qu'on puiffe être, foit fur la Terre ou fur la Mer & de jour ou de nuit. On a joint à cette Geographie le plan Topographique des plus belles Villes du monde, 4.

Germon, Icon Philofophiæ occultæ, 12.

Gobart Tractatus de Barometro cum figuris Aeneis, 12.

Gomgam ou l'Homme Prodigieux tranfporté dans l'air fur la Terre & fous les

DES LIVRES.

les eaux, augmenté du grand chemin de l'Hôpital, 2 vol. 12.

Grammaire de l'Academie Françoise par Mr. R. Desmarets, 12.

Grammaire générale & raisonnée de Mrs. de Port Royal, 12.

Grotii Epistolæ, folio.

Grammaire Françoise d'un tour nouveau par Mr. d'Herbaud, 12.

Grotius de veritate Religionis Christianæ Editio accuratior quam secunda, recensuit notulisque Illustravit Johannes Clericus, 8.

Histoire de Don Antoine Roi de Portugal, 12.

Histoire des Sevarambes, 2 vol. 12.

—— des Revolutions de Suede, 2 vol. 12.

Histoires de Zayde de Leonor & de la Marquise de Vico, 12.

—— des Empereurs Romains par Suetone avec leurs Portraits, 12.

Histoire de la Sultane de Perse, ou les Contes Turcs, 12.

Histoires Galantes de diverses Personnes Illustres qui se sont distinguées par leur merite ou par leur bravoure, 12.

Histoires Françoises Galantes & Comiques, 12.

Histoire des Oracles, par Mr. de Fontenelle, 8.

Histoire d'Ildegerte Reine de Norwegue,

P 5

CATALOGUE

par Mr. le Noble, 12.
Histoire des deux Triunsvirats d'Auguste, 12. en 4. vol. fig.
Histoire des Indes Orientales, 12.
Histoire véritable du Calvinisme, 12.
Histoire de Marguerite de Valois Reine de Navarre, 2. vol. 12.
Histoire abregée des Martirs françois, 12.
—— du Maréchal de Boucicaut, 12.
Histoire du Prince Erastus, 12. Paris.
Histoire de Henri IV. Roi de Castille, 12.
Histoire des Croisades par Maimbourg, 12.
Historia Augusta Imperatorum Romanorum a C. J. Cæsare usque ad Josephum, cum Iconib. Imperator, accedit Hamelouw Imperatores Romani, Carmine Heroico illustrati, folio.
Histoire de la Guerre de la Hollande avec la France, 12.
—— de Marie Stuart, 12.
—— de France par le P. Daniel, 12.
Histoire amoureuses de quelques anciens Grecs, 12.
Histoire du Calendrier Romain par Blondel, 4.
Histoire de la Bible en Catechisme avec fig. 8.
Histoire de la Bible en Catechisme, François

DES LIVRES.

çois & Flamand avec fig. 8.
Historie van de Bybel in Catechismus met figuren, 8.
Histoire du grand Tamerlan, 12.
Histoire de la Bible de Royaumont, 12.
Histoire de Don Pedre Roi de Portugal, 12.
—— des Revolutions de Portugal par M. l'Abbé de Vertot, 12.
Histoire des Avantures de M. Oufle contenant un recit de toutes sortes de sorcelleries, 2 vol. 12.
Histoire de Louis XIV. par Mr. de Limiers, 12. 7 vol.
Histoire du Prince Kouchimen.
Histoire des Isles Antilles de l'Amerique avec un vocabulaire Caraibe par Mr. De Rochefort, 4.
Histoire de Thucydide, de la guerre du Peloponese trad. de Nicolas Perrot d'Ablancourt nouvelle Epit. 3 vol. 12
Histoire de l'Inquisition de Goa 12. fig.
Histoire de l'Eucharistie par Mr. la Rocque, 8.
Histoire des Diables de Loudun ou Cruels Effets de la vengeance du Card. de Richelieu. 12.
Histoire de la Bastille ou Inquisition Françoise par Mr. Constantin de Renneville Nouvelle edition, 12. en V. volumes fig.

Hi-

CATALOGUE

Histoire & Regles de la Poësie Françoise, 12.

Histoire du Card. Mazarin par Mr. Aubery nouvelle Edition, 3 vol. 12.

Horatius Rutgersi, 12.

le Jardinier Fleuriste & Historiographe ou Culture universelle des Fleurs. Arbres, Arbustes & Abrisseaux &c. édition augmentée chez Etienne Roger, 2 vol. 12.

Idée parfaite du véritable Heros par raport aux gens de Guerre, aux Magistrats, & aux Personnes de qualité, 8.

Idée générale de la Fortification &c. gravée en 4. grandes Planches.

Iean dance mieux que Piere, 12. 5. vol.

Illustres Fées par Mlle. D.***

Illiade d'Homere Poëme par Mr. de la Mothe, 12. fig.

Instruction pour les jardiniers Fruitiers & Potagers par Mr. de la Quintinie, Jardinier du Roi de France, 4. 2.

Instructions pour un Gentilhomme ou l'Art de reussir à la Cour, 12.

Introduction à l'Histoire d'Angleterre par le Chevalier Temple, 8.

—— Aux Langues Françoises & Flamandes par Naudin, 8.

—— A l'Histoire des principaux Etats de l'Europe par Puffendorf, 4 vol. 12.

Jonathas & Absalon Tragedies Chrétiennes

DES LIVRES

nes par Mr. Duché de Vancy de l'Academie des Sciences, 12.

Intrigues Amoureuse, 12.

Juvenalis in 24.

Lettres sur la Capitation qui s'est levée en France sur les Gentilshommes par Mr. le Vassor Auteur de l'Histoire de Louïs XIII.

Lettre de Mr. A. Cyprianus, raportant l'Histoire d'un Fœtus Humain de 21. mois detaché des Trompes de la Matrice de sa Mere sans que la Femme en soit morte, avec fig. 12.

Lettres du Chevalier d'H*** par Mr. de Fontenelle, 8.

Lettres Choisies de Balsac imprimées par Elsevier, 12.

Lettre au Gasetier de Paris par l'Auteur du salut de l'Europe, 12.

Lettre d'un Gentilhomme de la Cour de de St. Germain sur les affaires d'Angleterre, 12.

Lettres de Rabutin, 5 vol. 12.

Leusdeni Biblia Hebraica, 8.

Le Parterre du Parnasse François, 12.

Les Victoires de l'Amour, 12.

L'Espion dans les Cours des Princes de l'Europe, 6 vol. 12.

Lettres de Patin, 3 vol. 12.

Loix & Coûtumes du Change dans les principales Places de l'Europe trad.

CATALOGUE

du Hollandois de Mr. Phoonſen, 4.

Lettres ſur le Ceremoniel & ſur la maniére d'écrire les Lettres par Grimaretz.

l'Ouverture des ſept ſeaux pas le fils de Dieu ou le triomphe de la providence & de la Religion par Mr. Abbadie ou ſuitte de la verité de la Religion Chrétienne, 2 vol. 12.

Maniére de bien penſer dans les Ouvrages d'Eſprit par le Pere Bouhours, 12.

Maniére de fortifier de Blondel. 4.

Maimonides de Sacrificiis, 4.

Medicina forenſis, 4.

Menaſſeh Ben Iſrael de reſurrectione mortuorum, 8.

Memoires de Mr. Burchet, contenant ce qui s'eſt paſſé de plus remarquable ſur Mer pendant la derniére guerre avec la France, 12.

Memoires de Beauveau, 12.

Memoires de Raveſan, 12.

Medecine Mechanique & Dogmatique par M. de Bellefontaine, 2 vol. 12.

Memoires du Duc de Guiſe, 2 vol. 12.

Memoires du Comte D*** redigez par Mr. de St. Evremont, 2 vol. 12.

Menandri & Philemonis fragmenta cum notis Clerici, 8.

Metamorphoſes d'Ovide de Corneille, 3 vol. 8.

Mét-

DES LIVRES.

Méthode pour guerir les maladies veneriennes par Mr. de Heins, 12.

Methode pour aprendre la geographie par l'Anglet, 12.

Momma ad Romanos, 8.

Monumens de Rome, contenant la description des plus belles Statuës & des plus beaux Tableaux de Rome par Mr. l'Abbé Raguenet, 12.

Montalti litteræ Provinciales, 2 vol. 12.

Morale Theologique & Politique de Banage, 2 vol. 8.

Mort des Justes de M. de la Placette, troisiéme édition considerablement augmentée, 2 vol. 8.

Mort édifiante ou dernieres heures de Melle, de la Mus, 12.

Metamorphoses d'Ovide avec des Explications à la fin de chaque Fable traduction nouvelle par Mr. l'Abbé de Bellegarde avec Tailles douces, 2 vol. 12.

Memoires & Instructions pour les Ambassadeurs ou Lettres & Negociations de Walsingham, 4 vol. 12.

Memoires de Dannemark de Molesworth, 8.

Maniére de Negocier avec les Souverains par Mr. de Calliéres, 12.

Melanges de Remarques critiques & historiques &c. par Mr. Benoist, 8.

CATALOGUE

Memoires sur les derniéres Revolutions de la Pologne, 8.

Memoires Politiques Amusans & Satyriques de Messire J. N. D. B. C. de L. 3 vol. 12.

Memoires de la Marquise de Fresne, 12.

Memoires de Mr. le Marquis de Fresne, 12.

Memoires de Philippes de Comine, 12.

Memoires du Marechal de Grammont, 8.

Melanges Historiques recueillis & commentés par Mr. D. L. B. 12.

N Audeana & Patiniana, 12.

Le Nez ouvrage galant & curieux, 12.

Newton Principia Philosophiæ naturalis, 4.

Nouveau Traité d'Education divisé en deux parties, dont la premiere contient le Devoir des Parens & la seconde le Devoir des Enfans, 2 vol. 12.

Nouvelles avantures de D. Quixotte, 2 vol.

Nouvelles Oeuvres de Scaron, 12.

Nouvelles toutes nouvelles, 18.

Nouveau Gentilhomme Bourgeois ou les Fées à la mode Contes des Fées, 4. vol. 12.

Nouveaux Contes des Fées par M. D*** 12.

Nouveaux interêts des Princes, 12.

Nou-

DES LIVRES.

Nouvelles Hiſtoriques, 12.
Nouveau traité de la devotion, 12.
Nouveau Secretaire de Pielat, 12.
Nouveau traité pour aprendre les régles de la Compoſition de Muſique & à faire un chant ſur des Paroles &c. par Mr. Maſſon, 8.
Nouvelle Méthode de M. Rouſſeau pour aprendre à chanter; avec la maniére de faire les agrémens quand ils ne ſont point marquez, 8.

Oeuvres de Platon Traduites par Mr. Dacier, contenant les Principes de la ſageſſe humaine, 2 vol. 8.
Oeuvres de Mr. de Fontenelle Secretaire perpetuel de d'Academie des Sciences, 3 vol. 8.
Oeuvres du P. Rapin contenant ſes Comparaiſons des grands hommes, & ſes Oeuvres ſpirituelles, 3 vol. 12.
——— Spirituelles du P. Rapin, edition augmentée chez Etienne Roger, 12.
——— de Regnier, 12.
——— de Cyrano de Bergerac, 2 vol. 12. Paris.
Offices de Ciceron traduits en François de Grœvius avec des notes, 12.
Odes, Poëſies, & autres ouvrages par Mr. De la Mothé, 3 vol. 12.
Oeuvres de Petrone Latin & François, 12. 2. vol. Paris.

CATALOGUE

—— de Meré, 12. 3 vol.
—— Posthumes du Chevalier de Meré, 12.
—— de St. Evremont, édition considerablement augmentée, 9 vol. 12.
—— de Voiture, 12. 2 vol.
—— de Passerat, 12.
Oraison Funebre du Duc de Luxembourg, 8.
—— de l'Archevêque de Paris, 8.
Origêne contre Celse, 4.
Odiffée d'Homere par Mad. Dacier, 3. vol. 12.
Panegiriques du P. Bourdaloue, 8.
parallelle des Italiens & des François en ce qui regarde la Musique & les Opera, 12.
Paraphrase des Pseaumes, par M. Godeau, 12.
Pastor Fide, 12.   Pacii Isagogica, 8.
—— Analisis Institutionum, 8.
Persée Opera de Lully en Musique.
Persi Satira cum notis Bond, 12.
Phaeton Opera de Lulli en Musique.
Poësies Pastorales, de Mr de Fontenelle, 8.
Pratique de Pieté, par Bayle, 12.
Prediche Morali, 8.
Parfait Negociant ou Instruction générale pour ce qui regarde le Commerce avec les Pareres ou avis & conseils sur les plus importantes matiéres du Commerce, par le Sr. Jaques Savary Desbruslons 2 vol. 4. nouvelle Edition.
—— Plaintes des Protestants opprimés en France par Mr. Claude.
Principes très faciles pour bien aprendre la Musique, qui conduiront promptement ceux qui ont du Naturel pour le Chant jusqu'au point de chanter toute sorte de Musique promptement & à livre ouvert, par le Sr. l'Affilard, ordinaire de la Musique du Roi. 8.
—— de la Flute traversiére ou Flute d'Allemagne, de la Flute à Bec ou Flute douce & du Haubois, par le Sr. Hotteterre, 8.
—— pour bien aprendre à joüer du Clavecin, par le Sr. St. Lambert, 8.
—— pour aprendre à joüer de la Guitarre, par Nico-

DES LIVRES.

~~~colas Desosiers, 4.
Pseaumes de Godeau en Musique à 4 Parties, 8.
Puffendorfi Dissertationes Academicæ, 8.
Plaute Franç. Lat. avec des notes de Mada. Dacier, de Mr. Coste, & de Mr. De Limiers, 12.

Raisons qu'a eues le Roi de France d'accepter le traité de Partage, 12.
Rappel des Jesuites en France, 8.
Recueil de diverses dernières heures édifiantes, par Mr. de la Roque, 12.
Recueil des Reponses de Mr. Naudé, 12.
—— des Remedes Domestiques de Mme. Fouquet, 12.
Relation de la Campagne de 1695. & du Siége de Namur avec les Places necessaires, gravez & Imprimez par l'Ordre du Roi Guillaume, folio.
Relation de la Cour de Portugal, sous Dom Pedre, 12.
Reponse à une difficulté, & éclaircissemens sur la liberté de l'homme, par Mr. de la Placette, 12. 2 vol.
Reponse à deux objections qu'on oppose de la part de la raison à ce que la Foi nous aprend sur l'origine du mal, & sur le Mystére de la Trinité pour servir de reponse à Mr. Bayle par Mr. de la Placette, 12. 2 vol.
Roman Comique de Scarron, 12.
Rudimens de la Langue Latine par Mrs. de Port Royal, 8.

Secrets de l'Emery augmentez d'un nouveau recueil de Secrets de Medecine, 3 vol. 12.
Sermons de Mr. de Brisac, 12.
—— sur divers sujets, sur les Mystéres, & les Panegiriques du P. Bourdaloue, 8 vol. 8.
—— de Benoît, 8.
Sermon de Mr. Isarne, 8.
Sermon d'Adieu de Mr. Einet, 8.
Souveraine perfection de Dieu deffendue par la droite raison & par la Sainte Ecriture, 12. 3 vol.
Suetone, Histoire des Empereurs Romains avec leurs Portraits, 12.

CATALOGUE

Supplement de la Clef du Cabinet des Princes, 2 vol.
Synopsis Institutionum Imperialium Schultsii, 8.
Sermons de M. Guilbert, 8.
Sancti Augustini Opera, folio 12 vol.
Science des Medailles antiques & modernes, 8.
Songe de Bocacc, 12.
Salustius in 32.
Testamentum Beza, 24.
Thresor pour tenir les Livres de Compte, par Wanningen, folio.
Tirannie des Fées, par Mlle. D.*** 12.
Traitté de la Prière, par Mr. Du Pa, 12.
——— des Langues, par Mr. du Tremblay, 12.
——— des bonnes œuvres, par Mr. de la Placette, 12.
——— de l'Aumône, par Mr. de la Placette, 12.
——— d'Accompagnement pour l'Orgue & le Clavecin pour joüer la Basse continue, par Mr. Boivin, 8.
——— d'Accompagnement pour bien apprendre à bien accompagner du Clavecin, quoi que la Basse continue ne soit point chiffrée, par le Sr. St. Lambert, 8.
——— pour aprendre la Composition de Musique, par Mr. de Livers, 8.
——— de l'Amour Divin, par Saurin, 2 vol. 8.
——— de la Lumière, par M. Huygens, 4.
——— du point d'Honneur, 12.
——— de la Jalousie, 12.
——— de toute sorte de Chasse, de Pêche & de Fauconnerie 2 vol. 12.
——— des Alimens de l'Emeri, 12. Paris.
——— de la vie Chrétienne, par Scot, 2 vol. 12.
Transpositions de Musique reduites au naturel par le secours de la Modulation, avec une pratique des transpositions irreguliérement écrits, & la manière d'en surmonter les difficultez, par Alexandre Frere ci-devant de l'Academie Royale de Musique, 8.
Traité sur le Ceremoniel, ou manière d'Ecrire des Lettres, par Grimarets.

DES LIVRES.

Traité de Confitures, 12.
Tresor de tenir les livres de Compte.
Théatre de Mr. Nericault Destouches, 12.
Vïe du Général Monk, mise au jour par Mr. Dundas Avocat en Ecosse. pour servir de Modéle au Retablissement du Roi Jaques, 12.
——— de Pytagore, 12.
——— de Jesus-Christ, par Buttini, 12.
Virgilius Fabri, 12.
Vita della Regina Elisabetta di Lety, 12.
Voyage de Macassar aux Indes Orientales, 8.
——— vers le Septentrion augmenté, 12.
Voyages qui ont servi à l'établissement, & aux progrez de la Compagnie des Indes Orientales, fixée dans les Provinces Unies des Baïs Bas, 12. 12 vol.
——— de Schouten aux Indes Orientales, 12. 2. vol.
Voyages du Sr. Lucas au Levant, 2 vol.
Xenophon in usum Scholarum. 12.
Les yeux ouvrage curieux & galant, 12.
Voiage & decouvertes au tour du pole Boreal par le pere de Mésange 12. 2. vol.
Voiages aux côtes de Guinée & en Amerique 12. fig.

✗ Apparences trompeuses, ou ne pas croire ce qu'on voit. Histoire Espagnole par. E. Boursault, 12.
✗ La Bagatelle ou Discours, Ironiques, ou l'on prête des Sophismes ingenieux au vice & à l'Extravagance pour en faire mieux sentir le ridicule, 8. 3. vol.
✗ Les Caprices du Destin ou Recueil d'Histoires singulières & amusantes par Mademoiselle. l'H. *✶*. avec l'Histoire du Marquis de Clémes & du Chevalier de Pervanes, par Mr. De Sacy. 8.
✗ Description de la Ville de Paris & de tout ce qu'elle contient de plus remarquable par Germain Brice, 12. 3 vol.
✗ Histoire de la Princesse Estime, 12.
✗ ——— des Revolutions de Suéde par l'Abbé de Vertot, 12.

CATALOGUE

✗ Metamorphoses d'Ovide en Rondeaux avec figures, 2 vol. 8.

✗ Lettres & Opuscules de feu Mr. Brousson avec un abregé de sa vie.

La Religion des Moscovites, 8.

✗ La vie de Pedrille del' Campo. Roman Comique par Mr. Thibault, 12.

✗ Le Theatre Italien de Gherardi, ou le Recueil general de toutes les Comedies & Scenes Françoises, joüées par les Comediens Italiens du Roi, cinquième Edition revûë, corrigée, & augmentée, 12. 6 vol. 1721.

✗ Histoire de Madame Henriette d'Angleterre, Première femme de Philippe de France Duc d'Orleans, Ecrite par Mad. De la Fayette. 8.

✗ Les Tetons ouvrage curieux, galant & badin, composé pour le Divertissement d'une Dame de Qualité, avec les Poësies diverses du S. Du-Commun, 12.

✗ Zulima ou l'Amour pur, nouvelle Historique par Mr. le Noble, nouvelle Edition, 12.

Avantures de Telemaque, nouvelle Edition, 12.

Alcoran de Mahomet, 8.

Anecdotes de Suéde, 12.

Atlantis de Manley, 3 vol. 8.

Avantures & Promenades des Thuilleries, 12.

—— de Neoptoléme, 12.

—— de Zeloide & Amanzarifdine, ou mille & une faveur, 12.

—— ou Effets surprenants de la sympathie, 12.

Amusemens nouveaux, serieux & comiques, 8.

Sainte Bible de differentes sortes.

— Bellegarde, tous ses Ouvrages, 12.

— Bibliotheque des Dames par Mr Steele, 2 vol. 12.

— Bibliotheque des Historiens par Du Pin, 8.

Caractéres de Theophraste 3. vol. 12.

Commentaires de Cesar. par d'Ablancourt, 12.

Contes Anglois, ou la Tour tenebreuse, 12.

Cabinet d'Architecture, peinture, Sculpture 3. vol, 12.

Conduite pour se taire & pour parler, 12.

Comedies de Terence par Dacier, 3. vol. 8.

Com-

DES LIVRES.

Communion Devote par Mr. de la Placette. 12
Conseils du Marquis d'Halifax à sa fille, 12.
Discipline des Eglises de France, 4.
Dictionaires de differentes sortes.
Etat present de la Suéde par Robinson, 8.
Eloquence du tems, enseignée à une Dame de Qualité, 12.
Etat present de l'Espagne par Mr. l'Abbé de Veyrac, 12.
Explication historique des Fables, 12.
Etat present de l'Eglise Romaine par Mr. Steele, 8.
Entretiens sur l'Entreprise de l'Espagne, 8.
Fables de la Fontaine, 12.
——— de Phœdre Franç. Lat. 8.
Fables nouvelles dediées au Roi par Mr. De la Motte, 12.
La France galante, 12.
Grammaires de Differentes sortes.
Histoire des Juifs, par Flave Joseph, 12. 5. vol.
——— de France par Mezeray nouvelle Edition, 12.
——— de l'Empire per Heiss. 4. vol. 12.
——— de la Rebellion d'Angleterre par Clarendon,
——— generale des Turcs par Ricault, 12.
Hieron ou Portrait des Rois avec le Grec, trad. par Mr. Coste, 8.
l'Homme de Cour, de Gracian, 12.
Historiettes galantes.
Jeu de l'ombre & du & du piquet, 12.
Illustres Françoises. 2. vol. 12.
Idée generale des Sciences, 8.
Lettres de Bentivoglio, 12.
——— de Wicquefort, 12.
——— de Vaumoriére, 2. vol. 8.
——— de Milleran sur divers sujets, 8.
——— choisies, par Mess. de l'Academie Françoise, 8.
Lettres de St. Augustin. 6. vol. 12.
——— & Memoires du Nonce Visconti 2. vol. 12. ital. & françois.
La Logique ou l'Art de penser par Mess. du P. Royal, 12.

CATALOGUE

Memoires anecdotes de la Cour, & du Clergé de France, 12.
——— du Comte de Grammont, 12.
——— sur le Commerce des Hollandois, 8.
——— & Negociations du Comte d'Harrach, 2. vol. 8.
——— du Comte de Briennes, 8.
——— de Jolly, 8.
——— du Card. de Retz, 8. 4. vol.
Methode pour bien Ecrire par palairet, 4.
La Musique du Diable. 22.
Nouvelles Lettres de Patin, 2 vol. 12.
Oeuvres Posthumes de Claude, 7. vol. 8.
——— de l'Abbé de Villiérs, 12.
——— de Dancourt, 8. vol. 12.
——— diverses par Mlle. de la Rocheguillien, 12.
——— du Sr. Rousseau, 12.
——— de Pavillon, nouvelle edition, 8.
——— de Regnard, 2. vol. 12.
——— de Moliére, 4. vol. 12.
——— de Racine 2. vol. 12.
——— de Corneille 10; vol, 12.
——— du Sr. D***. 8.
——— de Clement Marot, 12.
——— de Scarron 6. vol, 12.
——— de Quevedo, 2. vol. 12.
Origine des Romans par Huét, 12.
Origine de l'Imprimerie par Chevillet, 12.
Paralelle de Mazarin & Richelieu, 12.
Pathologie de Chirurgie par Verduc 8. vol, 12.
Platonisme devoilé, 8.
Priéres & Meditations par Du Moulin, 12.
Poësies d'Anacreon par Dacier, 8.
Puits de la Verité, 12.
Poësies de Mr. De la Monoye, 8.
Pratique de l'Humilité, 12.
Reflexions pour parvenir à la felicité, 8.

FIN

www.ingramcontent.com/pod-product-compliance
Lightning Source LLC
Chambersburg PA
CBHW070640170426
43200CB00010B/2080